꼬리에 꼬리를 무는

四字成語 **끝말잇기**
퍼즐

2

팬더 컬렉션 / 엮음

圖書出版 **明文堂**

책머리에

<끝말잇기(shiritori)>나 <크로스워드 퍼즐(crossword puzzle)>은 일반적으로 우리 한글이나 영어와 같이 소리글자인 표음문자(表音文字)에서나 만들어지고 즐길 수 있다고 생각했다. 중국의 한자는 뜻글자인 표의문자(表意文字)로서 한 자 한 자가 독자적인 뜻을 지니고 있다. 그러므로 <끝말잇기>나 <크로스워드 퍼즐>을 만들기에는 상당한 어려움이 따를 수밖에 없었다.

그러나 지금 컴퓨터의 진화로 인해 수많은 단어나 숙어 고사성어, 사자성어(사자숙어)를 데이터베이스화해 놓을 수 있음으로 해서 그것이 가능하게 되었다.

사자성어는 사자숙어(四字熟語)를 말하는데, 오래도록 인구에 널리 회자되어 익숙해져 숙어화된 것을 이르는 말이다. 일반적으로 고사성어가 네 글자로 된 것들이 많아서 흔히 고사성어와 사자성어를 혼동해 쓰는 경우가 많다. 물론 네 글자로 된 고사성어는 사자성어라고 할 수 있다.

고사성어는 옛 이야기에서 유래된 말로, 여기에는 신화·전설·역사·고전·문학작품 등이 포함된다. 또한 교훈·경구·비유·상징어 및 관용구나 속담 등으로 사용되어 일상 언어생활에서의 표현을 풍부하게 해준다.

우리가 대화를 할 때나, 혹은 많은 사람들 앞에서 연설을 할 때 고사성어를 인용한다면 대화나 연설, 강연 등이 한층 품위가 있고 상대에게 전달되는 인상이 깊어질 수 있다.

이렇듯 우리의 언어나 문장의 표현에 품격을 더해주고 교훈을 주는 고사성어를 익히기 위해 단순히 암기를 한다는 것은 그 자체로서 또 하나의 공부라고 생각해서 싫증을 내기가 십상이다.

"고사성어를 퍼즐로 익힐 수 있다면" 하고 생각한 것이 바로 이 책 《사자성어 끝말잇기》이다.

고사성어를 많이 알고 있다 하더라도 문제를 쉽게 풀 수 있다고는 생각지 않는다. 그래서 뒤에 해설을 곁들여 고사성어에 담겨진 재미있는 이야기들을 실었다.

독자들은 고사성어에 함유된 교훈이나 재치 있는 비유, 속담 등을 통해서 삶의 지혜를 터득함으로써 인문학적 소양을 풍부하게 함과 아울러 다른 이에게도 이야기로 들려줄 수 있다면 비로소 고사성어에 담겨진 교훈이 자신의 것이 될 수 있고, 나아가서는 문장에 인용할 수 있으며, 대화나 강연, 연설 등에 활용할 수 있을 것이다.

여기에 출제된 문제들은 상당히 까다로울 수 있다. 그러나 문제를 풀든 못 풀든 그것이 중요한 것이 아니다. 해설을 보고 다시 한 번 복습하면 한 문제를 풀고 났을 때 배우는 5개의 고사성어나 사자숙어를 한 틀로 묶어 머리에 기억시킬 수가 있을 것이다.

그리고 마지막에 복습으로 사자성어 70여 개를 한꺼번에 기억할 수 있도록 표를 만들어 첫 번째 사자성어로부터 마지막 사자성어까지 거침없이 연결해 기억할 수 있도록 하는 실로 놀라운 학습법을 체험할 수 있을 것이다.

— 편집자

四字成語 끝말잇ㅅ

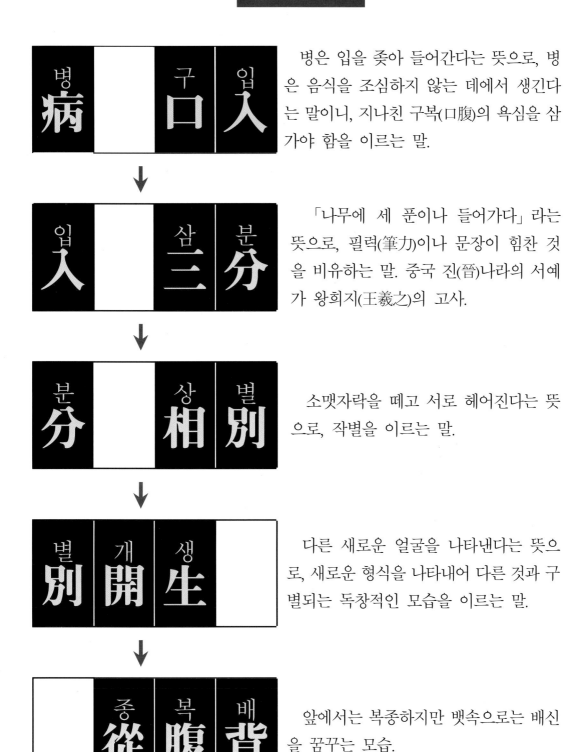

병 病 □ 구 口 입 入

병은 입을 좇아 들어간다는 뜻으로, 병은 음식을 조심하지 않는 데에서 생긴다는 말이니, 지나친 구복(口腹)의 욕심을 삼가야 함을 이르는 말.

입 入 □ 삼 三 분 分

「나무에 세 푼이나 들어가다」라는 뜻으로, 필력(筆力)이나 문장이 힘찬 것을 비유하는 말. 중국 진(晉)나라의 서예가 왕희지(王羲之)의 고사.

분 分 □ 상 相 별 別

소맷자락을 떼고 서로 헤어진다는 뜻으로, 작별을 이르는 말.

별 別 개 開 생 生 □

다른 새로운 얼굴을 나타낸다는 뜻으로, 새로운 형식을 나타내어 다른 것과 구별되는 독창적인 모습을 이르는 말.

□ 종 從 복 腹 배 背

앞에서는 복종하지만 뱃속으로는 배신을 꿈꾸는 모습.

病從口入 病从口入
병 종 구 입

병 病 좇을 從 입 口 들 入 ➤

풍 도

《태평어람》 인사편에, "병은 입을 좇아 들어가고 (病從口入), 화는 입을 좇아 나온다(禍從口出)"는 말이 있고, 또 《석씨요람(釋氏 要覽)》에는, "모든 중생 은 화가 입을 좇아 생긴다 (一切衆生禍從口生)"고 했 다.

모두 음식으로 인해 병이 생기고, 말로 인해 화를 입게 되니 입을 조심 하라는 뜻이다. 또 《전당시(全唐詩)》에 수록되어 있는 풍도(馮道, 822~ 954)의 「설시(舌詩)」란 시에는 입과 혀를 두고 이렇게 말했다.

입은 이 화의 문이요
혀는 이 몸을 베는 칼이다
입을 닫고 혀를 깊이 간직하면
몸 편안히 간 곳마다 튼튼하다

口是禍之門　舌是斬身刀　구시화지문　설시참신도
閉口深藏舌　安身處處牢　폐구심장설　안신처처뢰

6

풍도는 당 말기에 태어난 사람으로 당나라가 망한 뒤에도, 진(晉)·글 안(契丹)·후한(後漢)·후주(後周) 등 여러 왕조에 벼슬을 하며, 이 어지 럽고 위험한 시기에 처해서도 73세라는 장수를 누린 사람이다. 과연 이 런 시를 지은 사람다운 처세를 실행에 옮겼구나 하는 느낌을 준다.

入木三分

入木叁分　　　　들 入 나무 木 석 三 나눌 分 ➤

「나무에 세 푼이나 들어가다」 라는 뜻으로, 글씨 쓴 먹물이 나무에 세 푼이나 깊이 파고 들어갈 정도로 필력(筆力)이나 문장이 힘찬 것을 비유하는 말이다. 중국 동진(東晉)의 서예가 왕희지(王羲之, 307~365)의 고사에서 유래한 말이다.

왕희지

왕희지는 서성(書聖)으로 불릴 만큼 중국 고금을 통틀어 으뜸가는 서예가이다. 그는 일찍이 연못가에서 서예 연습을 하였는데, 연습이 끝나면 연못의 물에 붓과 벼루를 씻었다. 그렇게 연습한 시간이 오래 되어 연못의 물이 모두 검은색으로 변하였다고 한다.

또 휴식할 때나 길을 걸을 때도 항상 마음속으로 글자의 결구(結構)를 생각하며 끊임없이 손가락을 놀려 입고 있는 옷에 글씨를 쓴 탓에 옷이 해질 정도였다고 한다.

당나라 태종(太宗)은 왕희지의 글씨를 사랑한 나머지 온 천하에 있는 그의 붓글씨를 모아, 한 조각의 글씨까지도 애석히 여겨 죽을 때 자기의 관에 넣어 묻게 하였다. 오늘날 전하여오는 필적만 보아도 그의 서풍(書

風)은 전아(典雅)하고 힘차며 귀족적인 기품이 높다. 당(唐)나라 때 장회관(張懷瓘)이 지은 《서단(書斷)》에 있는 말이다.

"황제가 북교(北郊)에서 제사를 모실 때 왕희지에게 목판에 축사를 쓰도록 하고는 목공에게 그 글자를 새기도록 하였다. 목

왕희지 완아도(玩鵝圖, 宋 마원)

공이 새기면서 보니 왕희지의 필력이 어찌나 힘이 넘치는지 먹물의 흔적이 나무 속에 세 푼이나 스며들어 있었다(王羲之 晉帝時 祭北郊更祝版 工人削之 筆入木三分)"

여기서 유래하여 입목삼분은 필력이나 문장이 힘찬 것과 아울러 또 깊이 있는 분석이나 생동감 넘치는 묘사를 비유하는 말로도 사용된다.

분 수 상 별
分袖相別 分袖相別 나눌 **分** 소매 **袖** 서로 **相** 나눌 **別**

소맷자락을 떼고 서로 헤어진다는 뜻으로, 작별을 이르는 말. 함께 있던 사람과 헤어짐. 닮은 말로는 분수작별(分手作別)이 있다.

別開生面

별 개 생 면

別开生面

다른 別 열 開 날 生 낯 面

당(唐)나라의 시인 두보(杜甫)의 시 「단청인증조장군패(丹靑引贈曹將軍霸)」에서 유래한 말이다.

당나라 때 화가 조패(曹霸)는 말과 인물 초상을 잘 그리기로 유명했다. 당나라 제6대 황제 현종(玄宗)은 조패에게 말과 공신들을 그리게 하였으며, 좌무위장군(左武衛將軍)으로 임명하였다.

궁중의 능연각 벽에는 당나라의 제2대 황제 태종(太

조패의 제자 한간이 그린 조패장군

宗) 때 그린 개국공신(開國功臣) 24명의 초상화가 걸려 있었는데, 100년 정도 지났으므로 색깔이 바래서 현종은 조패에게 능연각에 있는 공신들의 초상화를 다시 색칠하게 하였다. 조패가 정성을 들여 공신들의 초상화를 채색하여 새로운 모습을 갖추게 되자, 이를 본 두보는 「단청인증조장군패」 시를 지었다. 이 시의 한 구절이다.

능연각 공신들의 얼굴빛이 희미하게 바래졌는데
조패 장군의 붓끝에서 새로운 얼굴이 보인다

凌煙功臣少顔色   능연공신소안색

11

능연각 24공신도

將軍筆下開生面　　장군필하개생면

여기서 유래하여 「별개생면」은 새로운 형식을 창조하여 일반적인 것과 전혀 달리 새롭고 독창적인 모습을 비유하는 말로 쓰인다.

면　종　복　배
面從腹背　　面从腹背　　　　낯 面 좇을 從 배 腹 등 背

겉으로는 순종하는 체하고 속으로는 딴 마음을 먹음.

비슷한 말로, 「웃음 뒤에 칼을 품고 있다」는 뜻의 「소리장도(笑裏藏刀)」, 「입에는 꿀을 바르고 뱃속에는 칼을 품고 있다」는 뜻의 「구밀복검(口蜜腹劍)」이 있다.

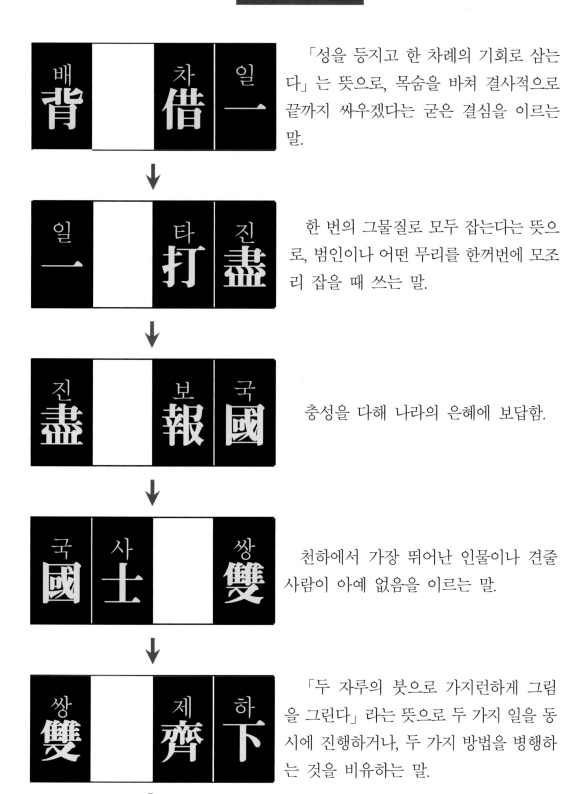

背 □ 借 一
배 차 일

「성을 등지고 한 차례의 기회로 삼는다」는 뜻으로, 목숨을 바쳐 결사적으로 끝까지 싸우겠다는 굳은 결심을 이르는 말.

一 □ 打 盡
일 타 진

한 번의 그물질로 모두 잡는다는 뜻으로, 범인이나 어떤 무리를 한꺼번에 모조리 잡을 때 쓰는 말.

盡 □ 報 國
진 보 국

충성을 다해 나라의 은혜에 보답함.

國 士 □ 雙
국 사 쌍

천하에서 가장 뛰어난 인물이나 견줄 사람이 아예 없음을 이르는 말.

雙 □ 齊 下
쌍 제 하

「두 자루의 붓으로 가지런하게 그림을 그린다」라는 뜻으로 두 가지 일을 동시에 진행하거나, 두 가지 방법을 병행하는 것을 비유하는 말.

背城借一

배 성 차 일

背城借一　　　　　　　　　　**背** 성 **城** 빌릴 **借** 한 **一**

「성을 등지고 한 차례의 기회로 삼는다」는 뜻으로, 목숨을 바쳐 결사적으로 끝까지 싸우겠다는 굳은 결심을 말한다. 배성일전(背城一戰)이라고도 한다.

《춘추좌씨전》 경공 2년에 나오는 이야기다.

극극 출사도

춘추시대, 자만에 빠져 있던 제(齊)나라는 진(晉)·노(魯)·위(衛)나라 연합군의 공격으로 크게 패하였다. 진나라의 장수 극극이 다시 제나라에 쳐들어가자, 제나라 경공은 빈미인(賓媚人)을 파견하여 다시 싸울지라도 굴복하지 말고 진나라와 화친을 맺게 하였다. 빈미인이 예물과 토지 문서를 가지고 진나라 군영으로 가서 화의를 제안하자, 극극은 이렇게 말했다.

"제나라 땅에서 논밭 길은 모두 동쪽으로 나도록 하여 진나라 병사들이 제나라를 편안하게 지나다닐 수 있게 해주시오"

극극의 무리한 요구를 받아들이지 않고 빈미인은 이렇게 말했다.

"당신들이 우리 제나라를 멸하지 않고 화친을 맺는다면 귀한 재물과 영토를 주겠지만, 쳐들어오면 '죽지 않고 남아 있는 병사들을 모아 성을

14

등지고 한바탕의 싸움을 청하여(請收合餘燼 背城借一)' 굴복하지 않겠소"

노나라와 위나라의 왕들도 극극에게 제나라의 요구에 동의하기를 권유하여 마침내 화의가 이루어졌다.

비슷한 뜻으로 「물을 등지고 진을 친다는 뜻으로, 물러설 곳 없이 목숨을 걸고 싸움에 임하는 각오」를 이르는 「배수지진(背水之陣)」, 「밥 지을 솥을 깨뜨리고 돌아갈 때 타고 갈 배를 가라앉힌다는 뜻으로, 살아 돌아오기를 기약하지 않고 결사적 각오로 싸우겠다는 굳은 결의」를 비유하여 이르는 「파부침주(破釜沈舟)」가 있다.

一網打盡
일 망 타 진

一网打尽

한 一 그물 網 칠 打 다할 盡

「일망타진」은 그물을 한 번 던져 있는 고기를 다 잡는다는 뜻이다. 경찰이 범인을 잡거나 적대관계에 있는 어느 한쪽이 상대방을 완전히 소탕했을 경우에 쓰는 말이다.

이 말을 처음 한 사람은 송나라 인종(仁宗) 때 어사중승(御史中丞 : 검찰관)이었던 왕공신(王拱辰)이었다. 반대파들을 모조리 옥에 가둔 다음 그가, "내가 한 그물로 다 잡아 버렸다(吾一網打去盡矣)"고 한 데서 시작된 말이다.

《송사(宋史)》 인종기(仁宗紀)에 있는 이야기다.

오대(五代)의 혼란기에 뒤이어 성립된 송(宋)나라는 문관통치를 국시(國是)로 했고, 건국 후 60여 년 뒤에 즉위한 제4대 인종(仁宗, 재위 1022~1063) 때는 과거제도에 의한 유능한 인재들이 많이 등용된 것으로 유명하다. 특히 인종의 후반기는 경력(慶曆, 1041~1048)이란 연호를 따서 경력지치(慶曆之治)라 부르는데, 이 태평시대가 나타나기까지에는 조정 내부에서의 문관들의 격렬한 대립이 있었다. 기성세력의 대신들과 혁신적인 관료들과의 대립이다.

인종의 명도(明道) 2년(1033년)에 곽황후(郭皇后)의 폐출 문제가 일어났다. 당시 인종은 상미인(尚美人)을 사랑하고 있었는데, 어느 날 인종을 모시고 앉아 있던 상미인이 황후에게 모욕을 가했다. 성난 황후가 그녀의 따귀를 치려했을 때, 인종이 얼른 사이에 끼어들어 말리는 바람에, 황후의 손이 그만 인종의 목을 치고 말았다. 성이 난 인종은 황후를 폐출할 결심을 하고 재상인 여이간(呂夷簡)과 상의를 했다. 천자의 뜻을 받들기에 바빴던 여이간이 동조함으로써 폐출은 곧 단행되었다.

범중엄

이에 반대한 범중엄(范仲淹) 등 간관(諫官) 열 명은 당파를 만들어 음모를 꾀하고 있다는 구실로 변방으로 쫓겨났다. 여이간의 농간이었다.

경력 3년, 여이간이 재상에서 물러나자 인종은 기성 정치가인 하송(夏竦)을 추밀사(樞密使 : 군권을 장악하는 재상직)에 임명하고 추밀부사에는 혁신파인 한기(韓琦)를, 참지정사에는 범중엄을 임명했다. 그러자 그때 함께 새로 임명된 간관 구양수 등이 하송이 적임자가 아니라고 들고 일어났다. 인종은 곧 하송을 해임시키고 청렴강직하기로 이름이 높던 두연(杜衍)을 대신 그 자리에 앉혔다.

혁신파 관료들은 이를 크게 환영했다. 특히 국자감직강(國子監直講)인 석개(石介)는 「대간(大姦)이 물러간 것이 닭의 발톱 빠지듯 했다」는 성덕시(聖德詩)를 지어 발표까지 했다. 대간(大姦)은 하송을 가리켜 한 말이다. 하송은 여기에 분개하여 두연 등 일파를 「당인(黨人)」이라고 공격했다. 하송의 이 같은 모함에 반대하고 나선 구양수는 상소문에 이렇게 썼다.

한 기

"신이 듣건대, 붕당(朋黨)에 대한 말은 예부터 있었습니다. 다만 임금께서 그들이 군자인지 소인인지를 분별하기 바랄 뿐입니다. 대개 군자는 군자와 더불어 도를 같이함으로써 벗을 삼고, 소인은 소인과 더불어 이익을 같이함으로써 벗을 삼습니다. 이것은 자연의 이치입니다"

이것이 유명한 「분당론」이란 것이다. 이리하여 일단 수그러진 하송은 끝내 단념을 못하고 이번에는 범중엄 등 당인들이 황제를 갈아 치우려 한다는 터무니없는 사건을 날조하여 그들을 모함하려 했다. 인종은 일체 불문에 붙이고 말았지만, 두연만은 뜻하지 않은 데서 반대파들에게 말려들고 말았다. 그것은 두연의 사위로 진주원(進奏院)의 감독관으로 있던 소순흠(蘇舜欽)이, 휴지를 판 공금으로 귀신에게 제사를 지내고, 청사로 손님을 초대하여 기생들까지 불러 큰 잔치를 베풀었던 것이다.

하송의 일파로 어사중승이던 왕공신이 앞에서 말한 대로 그를 탄핵하여 소순흠 일당을 모조리 옥에 가두고 「일망타진」했다면서 기뻐 어쩔 줄을 몰랐다는 것이다. 두연은 이 사건으로 겨우 70일 만에 그 자리에서 물러나게 되고, 나머지 당인들도 계속해서 벼슬에서 쫓겨나게 되었다.

18

盡忠報國
진 충 보 국

尽忠报国

할 盡 충성 忠 갚을 報 나라 國

충성을 다해 나라의 은혜에 보답함.

당(唐)의 이연수(李延壽)가 편찬한 《북사(北史)》 안지의전(顔之儀傳)에 있는 이야기다.

양(梁)나라의 선제(宣帝)가 죽고 정제(靜帝) 우문천(宇文闡)이 뒤를 계승하였다. 그러나 조정은 나이 어린 정제의 후견인 문제로 의견대립이 일어났다. 유방(劉昉) 등을 비롯한 많은 신하들은, 황제의 후견인으로 수(隋)나라의 양견(楊堅)을 재상으로 맞을 것을 주장하였다.

당시 수나라는 군소 왕조 중에서 단연코 두각을 나타내고 있었으며, 양견 또한 스스로 문제(文帝)라 칭하고 있을 때였다. 유방 등을 비롯한 여러 신하들이 수나라의 양견을 추천한 것은, 기왕 기댈 바에 큰 나무의 그늘이 낫다는 것이 그 이유였다.

수문제 양견

그러나 안지의는 이러한 생각 자체가 나라를 팔아먹는 것과 마찬가지라고 하며 다음과 같이 주장하였다.

"우리는 지금까지 나라의 은혜를 입어왔다. 지금이 바로 진충보국(盡忠報國)해야 할 때다. 타국 사람에게 나라의 운명을 맡기는 것은 있을 수 없는 일이다. 그러니 이제 죽어서라도 나라에 보답해야 할 것이다"

그러나 안지의의 이 같은 주장은 묵살되고, 양견이 재상이 되어 정제를 보좌하였다.

국 사 무 쌍
國士無雙　　国士无双　　나라 國 선비 士 없을 無 쌍 雙

한 나라에 둘도 없는 훌륭한 인물, 천하제일의 인물.

《사기》 회음후열전(淮陰侯列傳)에 있는 이야기다.

「국사(國士)」란 나라의 선비, 즉 전국을 통한 훌륭한 인물을 말한다. 이 말은 소하(簫何)가 한신을 가리켜 말한 데서 비롯된 것이다. 한신은 회음(淮陰 : 강소성) 사람으로 젊었을 때는 집이 몹시 가난한데다가 농사일이나 글공부 같은 데는 별로 관심이 없이 하늘을 날고 싶은 큰 뜻만을 품고 다녔기 때문에 생활이 말이 아니었다.

언젠가는 한신이 강가에서 낚시를 하고 있는데, 한신의 배고픈 기색을 본 한 빨래하는 노파가 자기가 먹으려고 싸가지고 온 점심을 그에게 주었다. 그 노파는 빨래를 하러 나올 때마다 수십여 일을 두고 매일같이 한신에게 점심밥을 나눠 주었다.

한신이 감격한 나머지, "언젠가는 이 은혜를 후하게 갚을 날이 반드시 있을 겁니다"라고 말하자, 노파는 성난 얼굴로, "대장부가 스스로의 힘으로 밥을 먹지 못하는 것이 딱해서 그랬을 뿐, 뒷날 덕을 보려고 그런 것은 아니니, 아예 그런 말은 마시게" 하고 핀잔하듯 말했다.

언젠가는 또 한신이 회음 읍내를 거닐고 있는데, 읍내 푸줏간의 한 젊은 이가 갑자기 그의 앞을 가로막으며 이렇게 말했다.

"이봐, 자넨 덩치도 크고 제법 칼까지 차고 다니지만, 실상은 겁이 많은 녀석일 게야. 죽는 게 두렵지 않거든, 어디 그 칼로 나를 찔러 봐. 만일 그럴 용기가 없거든 내 바짓가랑이 밑을 기어서 지나가야 해"

한신의 표모반신(漂母飯信) 소상(塑像)

한신은 난처했다. 한참 바라보던 끝에 엎드려 철부지 녀석의 다리 밑으로 슬슬 기어 나갔다. 온 장바닥 사람들이 한신의 겁 많은 행동을 보고 크게 웃었다. 뒷날, 한신은 초나라 왕이 되어 돌아왔을 때, 빨래하던 노파에게는 천금을 주어 옛 정에 감사하고, 옛날의 그 젊은이에게는 중위(中尉)라는 수도경비관 벼슬을 내리고는, 여러 장수들을 보며 이렇게 말했다.

"이 사람은 장사(壯士)다. 그 때 나를 모욕했을 때, 내가 어찌 죽일 수 없었겠는가. 다만 죽일 만한 명분이 없었기 때문에 참고 따랐을 뿐이다"

이것은 한신이 지난 날 자기에게 설움을 준 사람들의 불안한 마음을 없애 주기 위한 하나의 계책일 수도 있었을 것이다. 또 일단은 무슨 조치가 있어야만 할 일이었기 때문에 이왕이면 자신의 아량을 보여 주는 길을 택했던 것이리라. 실상 천하를 상대하는 한신으로서는 그런 철부지 소년의 탈선행위가 깜찍스럽게도 보였을 것이다.

이것은 뒷날 이야기이고, 한신이 처음 벼슬을 한 것은 항우 밑에서였다. 기회 있을 때마다 항우에게 의견을 말해 보았으나, 전연 상대조차 하려 하지 않았다. 항우는 자기 힘만 믿고 인재를 구할 생각이 없었으며, 또 그만한 눈도 없었다.

한신은 항우 밑에서 도망쳐, 멀리 유방을 찾아 한나라로 들어갔다. 한나라 장군 하후영(夏侯嬰)에게 인정을 받아 군량을 관리하는 치속도위(治粟都尉)에 임명되었는데, 이 때 승상인 소하와 알게 되었다. 소하는 한신을 한고조 유방에게 여러 번 추천했으나 써 주지 않았다. 역시 사람 보는 눈이 없었던 것이다. 이윽고 항우의 세에 밀려 유방이 남정(南鄭)으로 떠나게 되자, 군대와 장수들이 실망 끝에 자꾸만 빠져 달아났다. 이에 한신도 더 바랄 것이 없어 그들 뒤를 따랐다.

한신의 과하지욕(袴下之辱)

승상 소하는 한신이 도망갔다는 말을 듣자, 한고조에게 미처 말할 사이도 없이 허둥지둥 한신의 뒤를 쫓았다. 소하까지 도망쳤다는 소문이 한고조의 귀에 들어갔다. 고조는 두 팔을 잃은 기분으로 어쩔 줄 몰랐다. 소하를 누구보다도 신뢰하고 있었기 때문이다. 이틀 뒤 소하가 한신을 데리고 돌아왔다. 고조는 한편 반갑고 한편 노여웠다.

한신을 쫓는 소하

"어찌하여 도망을 했는가?"

"도망친 것이 아니라, 도망친 사람을 붙들러 갔던 겁니다"

"누구를 말인가?"

"한신입니다"

"거짓말. 수십 명의 장수가 달아나도 뒤쫓지 않던 그대가, 한신을 뒤쫓을 리가 있는가?"

그러자 소하는 이렇게 대답했다.

"다른 장수라면 얼마든지 보충할 수 있습니다. 그러나 한신만은 국사로서 둘도 없는 사람입니다(至如信者 國士無雙). 임금께서 한중(漢中)의 왕으로 영영 계실 생각이라면 한신 같은 사람은 필요가 없습니다. 그러나 천하를 놓고 겨룰 생각이시면 한신을 빼고는 상의할 사람이 없습니다"

이리하여 한신은 소하의 강력한 추천으로 대장군에 임명되어 마침내 항우를 무찌르고 천하를 통일하는 공을 세웠던 것이다.

雙管齊下

^쌍^관^제^하

双管齐下　　쌍 **雙** 대롱 **管** 가지런할 **齊** 아래 **下**

「두 자루의 붓으로 가지런하게 그림을 그린다」라는 뜻으로 두 가지 일을 동시에 진행하거나 두 가지 방법을 병행하는 것을 비유하는 말이다. 관(管)은 붓을 가리키며, 쌍관은 두 자루의 붓을 말한다.

송(宋)나라 때 곽약허(郭若虛)가 지은 《도화견문지고사습유(圖畫見聞志故事拾遺)》에 있는 이야기다.

당(唐)나라 때의 화가 장조(張璪)는 강소성(江蘇省) 오군(吳郡) 사람으로 자는 문통(文通)이다. 검교 사부원외랑과 염철 판관(鹽鐵判官)을 지냈다. 산수화와 송석

장조의 송석화(松石畵)

화(松石畵)를 잘 그렸다. 그에게는 남다른 장점이 있었는데, 두 개의 붓을 쥐고 동시에 그림을 그렸는데, 한쪽 붓으로는 파릇파릇한 새 가지를 그리고, 다른 한쪽 붓으로는 마른 가지를 그렸다.

양손을 사용하여 그렸는데도 어느 것 할 것 없이 모두 생동감이 넘쳐 뛰어났으므로, 사람들이 그의 그림에 대하여 「신품(神品)」이라고 칭찬하였다. 또한 손가락에 먹물을 찍어 그리는 지화(指畵)를 창시했다. 작품에 「산당금회도(山堂琴會圖)」와 「쌍송도(雙松圖)」가 있고, 회화이론

서 《회경(繪境)》을 지었다. 두 개의 붓을 쥐고 동시에 그림을 그린 장조의 고사에서 「쌍관제하」란 성어가 나온 것이다.

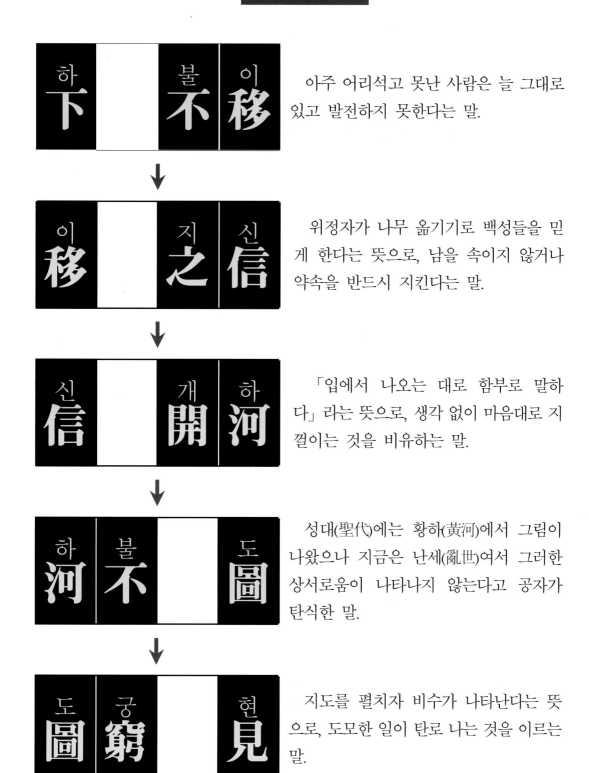

하 下 □ 불 不 이 移
아주 어리석고 못난 사람은 늘 그대로 있고 발전하지 못한다는 말.

이 移 □ 지 之 신 信
위정자가 나무 옮기기로 백성들을 믿게 한다는 뜻으로, 남을 속이지 않거나 약속을 반드시 지킨다는 말.

신 信 □ 개 開 하 河
「입에서 나오는 대로 함부로 말하다」라는 뜻으로, 생각 없이 마음대로 지껄이는 것을 비유하는 말.

하 河 불 不 □ 도 圖
성대(聖代)에는 황하(黃河)에서 그림이 나왔으나 지금은 난세(亂世)여서 그러한 상서로움이 나타나지 않는다고 공자가 탄식한 말.

도 圖 궁 窮 □ 현 見
지도를 펼치자 비수가 나타난다는 뜻으로, 도모한 일이 탄로 나는 것을 이르는 말.

下愚不移
하 우 불 이

下愚不移　아래 下 어리석을 愚 아니 不 옮길 移

어리석고 못난 사람은 언제나 그대로 있을 뿐 발전하지 못함.

《논어》 양화편에 있는 공자의 말이다.

공 자

"인성은 서로 가깝지만, 습관이 서로 멀게 한다(性相近也 習相遠也)"

인성은 사람이 태어날 때부터 부여받은 것이다. 습관은 태어난 후에 여러 가지 의례를 행하고 익히는 일이다. 사람은 천지의 기를 갖추어 부여받고 태어나 비록 도탑거나 엷은 차이가 있지만, 똑같이 기를 부여받았기 때문에 서로 가깝다. 알만한 나이에 이르러, 선한 친구를 만나 서로 본받아 선을 행하고 악한 친구를 만나 서로 본받아 악을 행하면, 선악이 이미 달라지기 때문에 서로 멀다.

"오직 총명한 사람과 가장 어리석은 사람만이 바뀌지 않는다(唯上知與下愚不移)"

제자가 물었다.

"가장 총명한 사람과 가장 어리석은 사람은 왜 바뀌지 않습니까?"

공자가 대답했다.

"바뀌지 않는 것이 아니라 다만 바뀌려고 하지 않는 것이다"

공자의 이 말에 대해 정자(程伊川)는 이렇게 해석했다.

"이른바 어리석은 자에는 두 종류가 있으니 자포(自暴)와 자기(自棄)다. 사람이 참으로 선으로 스스로를 다스려 간다면 못 고치는 것이 없다. 비록 어둡고(昏) 어리석음(愚)이 지극하다 하여도 점차 갈고 닦아 나아갈 수 있다. 오직 자포자(自暴者)는 막고 겨루

정이천

어(拒)서 믿지 않고, 자기자(自棄者)는 끊어(絶) 하지 않는다. 비록 성인과 더불어 살아도 변화시켜 어리석지 않는 데로 들어오게 하지는 못한다. 중니께서 말한 바의 하우(下愚)이다"

移木之信
이 목 지 신

移木之信 옮길 **移** 나무 **木** 어조사 **之** 믿을 **信**

위정자가 나무 옮기기로 백성을 믿게 한다는 뜻으로, 신용을 지킴을 이르는 말. 또는 남을 속이지 아니함. 즉 이 말은 위정자가 백성과 맺는 신의에 관한 것이다.

《사기》 상군열전(商君列傳)에 있는 이야기다.

상 앙

진(秦)나라 효공(孝公)에게 상앙(商鞅)이라는 재상이 있었다. 상앙은 위(衛)나라 공족(公族) 출신으로 법치주의를 바탕으로 한 강력한 부국강병책을 표방하였다. 이는 훗날 시황제가 천하통일을 할 수 있었던 기틀이 되었다.

상앙이 한번은 법을 제정해 놓고도 공포를 하지 않았다. 백성들의 불신을 염려했기 때문이다. 상앙은 백성들의 불신을 없애기 위한 계책을 세웠다. 상앙은 3장 되는 높이의 나무를 남문 저잣거리에 세우고 표지에 이렇게 써 놓았다.

"이 나무를 북문으로 옮기는 사람에게 10금을 주겠다"

그러나 누구나 이상하다고 생각했던지 옮기려는 사람이 없어서 다시 이렇게 썼다.

"이 나무를 북문으로 옮기는 사람에게는 50금을 준다"

그러자 어떤 사람이 이 나무를 북문으로 옮겼다. 그는 그 즉시로 50금을 받았다. 이렇게 해서 백성을 속이지 않고 약속은 반드시 지킨다(移木之信)는 굳은 믿음을 갖게 한 다음 법령을 공포했다.

그러나 이 법령이 시행되자 1년 사이에 진(秦)나라 서울에 나와서 신법령의 불편을 호소한 백성이 천 명에 이를 정도였다. 그러는 동안에 태자가 법을 범했다. 상앙은 이렇게 말했다.

"법이 제대로 지켜지지 않는

상 앙

것은 윗사람부터 법을 범하기 때문이다"

상앙은 법에 따라 태자의 대부(大傅)를 처형하고 태사(太師)를 경형(黥刑 : 범인의 이마나 볼에 글자를 새기는 형벌)에 처했다. 다음날부터 백성들은 이 법을 준수하게 되었다. 10년이 지나자, 백성들은 이 법에 대해 매우 만족하였다. 길에 떨어진 물건은 줍지 않았고(道不拾遺), 산에는 도적이 없었다. 또 집집마다 풍족하고 사람마다 넉넉하였다. 나라를 위한 싸움에는 용감하였으며, 개인의 싸움에는 겁을 먹었다.

인간관계에서 중요한 덕목 가운데 하나가 바로 신의이다. 부부 사이, 친구 사이에 신의가 지켜져야만 관계가 원만하게 이루어질 수 있다. 동의어는 「사목지신(徙木之信)」, 반대말은 「한번 입 밖에 낸 말을 도로 입 속에 넣는다는 뜻으로, 약속한 말대로 지키지 아니함」을 이르는 말 「식언(食言)」이 있다.

信口開河

信口开河　　　믿을 信　입 口　열 開　강 河

「입에서 나오는 대로 함부로 말하다」라는 뜻으로, 생각 없이 마음대로 지껄이는 것을 이르는 말이다.

원래는 신구개합(信口開合)이었으나, 나중에 합(合)이 하(河)로 변하였다. 「개하(開河)」는 말이 강물처럼 흘러나온다는 뜻이다. 이 말은 원(元)나라 때의 희곡에서 자주 사용되었다. 신구개합이 사용된 예는 관한경(關漢卿)이 지은 잡극 《노재랑(魯齋郎)》에, "입에서 나오는 대로 지껄여(只管信口開合) 쓸데없는 잔소리를 늘어놓지 마라"라는 대화의 한 구절이다.

《진서》 왕연전(王衍傳)에도 같은 의미의 이야기가 있다.

진(晋)나라 때의 이름난 재담가인 왕연은 일찍이 원성 현령으로 있을 때부터 매일같이 공무는 보지 않고 밑도 끝도 없이 공담(空談)만 일삼아 왔지만 별다른 과오는 저지르지 않았다고 한다. 그는 줄곧 승진을 거듭해서 벼슬이 태자사인과 상서랑에 이어 재상에까지 오르게 되었다. 벼슬이 오를수록 그는 공담에도 흥미가 늘어 갔다. 왕연은 노자(老子)와 장자(莊子)의 학설을 즐겼기 때문에 입만 열면 노자와 장자의 미묘한 이치를 늘어놓았는데, 당시에는 이 같은 공담 풍이 성행한 때문에 어떤 사람은 그를 우러러보기도 했으며, 또 왕연 자신은 공담가의 우두머리 가운데 한 사람으로 인정받기도 하였다.

그러나 왕연의 공담은 앞뒤가 잘 맞지 많아 실수할 때도 적지 않았다. 이에 듣는 사람들은 간혹 오류를 지적해 주고 의문을 제기하기도 했지만 그는 아랑곳하지 않고 계속 공담을 늘어놓았다. 그리하여 사람들은 그를 「입 속의 자황(信口雌黃)」이라고 부르게 되었다.

왕 연

자황(즉 계관석)이라는 것은 웅황류(雄黃類)에 속하는 광물로 당시 사람들은 노란 종이에 글을 쓰다가 틀린 곳이 나오면 아주 누런 자황으로 지워서 고쳐 쓰곤 하였는데, 왕 연 역시 말할 때마다 이랬다저랬다 했기 때문에 입 속에 자황이 들어 있다고 불리게 된 것이다.

그런데 자황이라는 두 글자는 그 뒤 남의 글을 고치거나 평론한다는 의미로도 쓰이게 되었으며, 무책임하게 함부로 떠들어대는 것을 가리킬 때는 「신구자황」이라고 한다.

입에서 나오는 대로 함부로 말한다는 점에서 「신구개하」는 「신구자황(信口雌黃)」과 그 의미가 유사하다. 그러나 굳이 그 차이점을 구분하자면, 「신구개하」는 종작없이 입에서 나오는 대로 함부로 지껄이는 경우에 해당되고, 「신구자황」은 남의 글이나 말 등에 대하여 무책임하게 비평하는 경우에 해당된다고 할 수 있다.

河不出圖

하 불 출 도

河不出图　　　황하 河 아닐 不 날 出 그림 圖

성대(聖代)에는 황하에서 그림이 나왔으나, 지금 난세에는 그러한 상서(祥瑞)가 나타나지 않는다고 공자가 탄식한 말.

《논어》 자한(子罕)편 있는 말이다.

공자가 말했다.

"봉황이 날아오지 않고 황하에서 상서로운 그림이 나오지 않으니, 나는 방법이 없구나(鳳鳥不至 河不出圖 吾已矣夫)!"

봉황(鳳鳥)은 영특한 새로서 순임금 때에 나와서 모습을 보이고, 문왕 때에는 기산에서 울었다. 하도(河圖)는 황하 한가운데에서 용마가 그림을 지고 복희씨 때에 나

태호복희씨

왔으며 성왕(聖王)의 상서로움이었다. 이제 성왕이 나타날 가망이 없다는 징조이니, 내가 바라던 덕치도 실현될 희망이 없나 보다 하고 공자가 탄식했다.

봉황새는 성왕의 등장을 알리는 새로서, 순임금 때 나타나서 모습을 보였고 주나라 문왕 때 기산에서 울었다고 한다. 하도(河圖)는 복희씨 때 황하에서 용마가 출현했는데, 이때 용마의 등에 그려진 그림을 말한다. 이 그림

35

하도낙서

에서 주역의 팔괘가 나타나게 된다. 모두 하늘이 성왕에게 준 징표이다.

공자가 죽기 2년 전인 BC 481년 노나라 서쪽에서 기린이 잡혔다. 공자는 이에 실망하면서 춘추의 집필을 끝내고 죽음을 맞이하게 된다. 세상에 더 이상의 희망이 없다고 생각한 것이다. 위의 구절 역시 기린이 노나라의 서쪽에서 잡히고 난 이후 공자의 감상이다.

圖窮匕見

<ruby>圖<rt>도</rt></ruby><ruby>窮<rt>궁</rt></ruby><ruby>匕<rt>비</rt></ruby><ruby>見<rt>현</rt></ruby>

图穷匕见　꾀할 圖　궁할 窮　비수 匕　드러날 見

일의 진상이 모두 드러나 탄로 나면서 모략이 폭로됨.

《사기》 자객열전에 있는 이야기다.

전국시대 연나라는 진(秦)나라의 침범을 자주 받곤 하였는데, 태자 단(丹)까지 인질로 진나라에 잡혀간 일조차 있었다.

단은 훗날 본국으로 돌아온 뒤 늘

진시황 동부조상

복수를 꿈꾸면서 진왕 정(政 : 뒷날의 진시황)을 암살할 계획을 꾸미던 중에 형가(荊軻)라는 자객을 만나게 되었다. 형가는 원래 위(衛)나라 사람이었다. 나중에 연나라에 와서 고점리 등 협객들과 사귀면서 뜻을 키우고 있었다. 그때 태자 단은 원한을 갚을 마음이 간절했기 때문에 자신의 스승 국무를 통해 형가를 만나게 되었고, 세 사람이 함께 복수할 방도를 상의하게 되었다.

이리하여 형가는 그때 진왕에게 미움을 받아 연나라에 피신해 있던 진나라 장수 번오기(樊於期) 머리를 베어 가지고 연나라의 남부지방인 독항(督亢)의 지도와 함께 칼날에 독을 바른 비수를 지도 안에 넣어 가지고 연

나라의 사절로 진나라에 파견되었다.

연나라 사신들의 선물을 받은 진왕은 기뻐서 어쩔 줄을 몰라 했다. 진왕은 번오기의

진왕 암살을 결의하는 형가 조소(彫塑)

머리를 한쪽에 밀어 놓고는 천천히 지도를 펼쳐 보았다. 돌돌 말린 지도가 풀리자 그때 시퍼런 비수가 뎅그렁 하고 땅에 떨어졌다(秦王發圖 圖窮而匕首見). 이때 형가는 재빨리 비수를 집어 들고 진왕에게 다가갔으나 성공하지 못하고 도리어 자신이 잡혀 살해되고 말았다. 이와 같이 「도궁비현」은 일의 진상이 모두 드러나 탄로 나면서 모략이 폭로되는 것을 말한다.

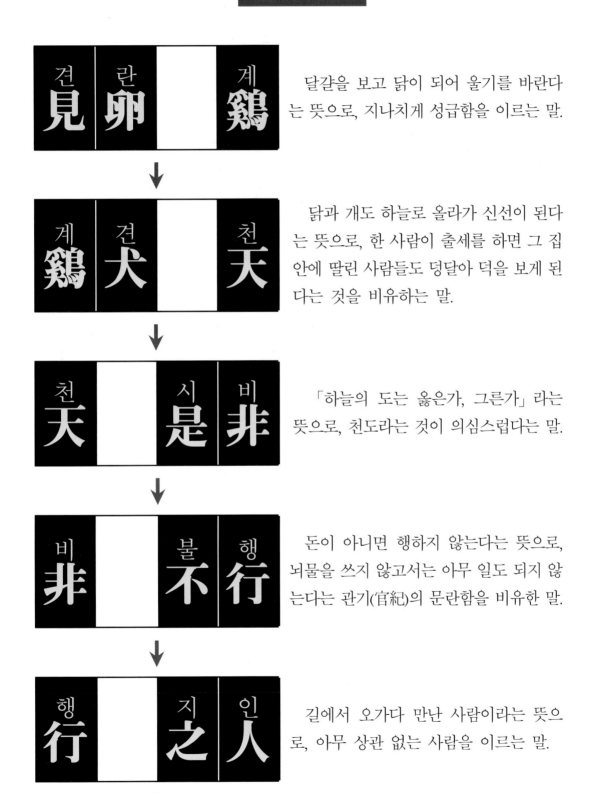

견란 □ 계
見卵 □ 鷄

달걀을 보고 닭이 되어 울기를 바란다는 뜻으로, 지나치게 성급함을 이르는 말.

계견 □ 천
鷄犬 □ 天

닭과 개도 하늘로 올라가 신선이 된다는 뜻으로, 한 사람이 출세를 하면 그 집안에 딸린 사람들도 덩달아 덕을 보게 된다는 것을 비유하는 말.

천 □ 시비
天 □ 是非

「하늘의 도는 옳은가, 그른가」라는 뜻으로, 천도라는 것이 의심스럽다는 말.

비 □ 불행
非 □ 不行

돈이 아니면 행하지 않는다는 뜻으로, 뇌물을 쓰지 않고서는 아무 일도 되지 않는다는 관기(官紀)의 문란함을 비유한 말.

행 □ 지인
行 □ 之人

길에서 오가다 만난 사람이라는 뜻으로, 아무 상관 없는 사람을 이르는 말.

見卵求鷄
견 란 구 계

见卵求鷄

볼 見 알 卵 구할 求 닭 鷄

달걀을 보고 닭이 되어 울기를 바란다는 뜻으로, 지나치게 성급함을 이르는 말이다. 일이 이루어지기 전에 결과를 보려는 성격이 매우 급한 사람을 비유하는 말로, 「우물가에 가서 숭늉 찾는다」, 「콩밭에 가서 두부 찾는다」 따위의 우리 속담과 비슷한 뜻이다.

《장자》 제물론(齊物論)에 이런 이야기가 있다.

장 자

구작자(瞿鵲子)가 스승인 장오자(長梧子)에게 물었다.

"공자의 말을 들어보면, 성인(聖人)은 세상일에 애써 힘을 들이지 않고 이익을 좇지 않으며, 해(害)를 피하지도 않고 추구하기를 좋아하지 않으며, 일정한 도를 따르지 않아도 말없이 무언가를 말하고, 말을 하면서도 아무것도 말하지 않으며, 속진(俗塵)의 밖에서 노닌다고 하셨습니다. 선생님께서는 실없는 소리라고 생각하고 계시지만, 저는 그것을 훌륭한 도의 실행이라 생각합니다. 이 점에 대하여 어떻게 생각하시는지요?"

장오자가 대답했다.

"이 말은 황제(黃帝 : 중국의 전설
상의 제왕, 복희씨·신농씨와 더불어
삼황이라 일컬어 짐) 같은 이가 들어
도 당황했을 텐데, 하물며 공자가 그
것을 어떻게 알겠느냐? 자네는 지나치
게 서두르는 것 같구나. 달걀을 보고
새벽닭 울음소리로 새벽을 알리기를
바라거나, 탄알을 보고 새구이를 먹기
바라는 것과 같구나(見卵而求時夜 見
彈以求鴞炙)"

「견탄구자(見彈求炙)」라고도 한
다.

공 자

鷄犬昇天

계 견 승 천

鷄犭昇天

닭 鷄 개 犬 오를 昇 하늘 天

닭과 개가 승천한다는 뜻으로, 한 사람이 출세하면, 그에 딸린 사람들도 덩달아 그의 덕을 본다는 말. 곧 다른 사람의 권세에 빌붙어 승진함을 이르는 말이다.

원래의 표현은 「일인득도 계견승천(一人得道 鷄犬昇天)」이다. 도교에서 도를 닦는 사람들의 궁극적 목표는 신선술을 터득하여 승천해서 영원한 삶을 사는 것이다. 그래서 먹으면 신선이 될 수 있다는 단약(丹藥)을 만드는 것이 유행하기도 했었고, 이에 대한 설화와 전설이 많이 전해진다.

《신선전(神仙傳)》 회남왕편에 이런 이야기가 있다.

전한(前漢) 문제(文帝)·무제(武帝)시대 때, 회남왕(淮南王) 유안(劉安)이 팔공이라는 신선으로부터, 먹으면 장생불사(長生不死)의 신선이 된다고 하는 선단(仙丹)의 제조법을 배워서 만들어 먹은 뒤 대낮에 하늘로 올라가고, 일가친척 3백여 명도 함께 승천하였다. 그리고 집에서 기르던 개와 닭들도 약그릇에 묻은 선약을 핥아먹었더니 역시 함께 날아 하늘로 올라가(鷄犬舐藥器者 亦同飛去) 신선이 되었다고 전해진다.

유안의 아버지 유장(劉長)은 고조(高祖) 유방(劉邦)의 막내아들로서, 기원전 195년에 회남왕(淮南王)에 봉해졌다. 그는 문제 6년 포악하고 불손한 행동으로 낙인이 찍혀 봉국을 몰수당하고 촉(蜀)에 유배 도중 스스로 굶어죽은 인물이다.

그 후 문제는 유장에 대한 친족의 감정으로 유안을 회남왕으로 봉했다. 그는 어렸을 때부터 책을 많이 읽고 거문고 타기를 즐겨하였으며, 사람들

에게 은밀히 음덕을
베풀거나 백성들을 위
로하기도 하였다.

회남왕 유안

나이가 들어감에 따
라 유안은 아버지의
죽음을 애도하게 되었
다. 그의 일생 또한 아
버지와 비슷한 길을
걸어, 말년 무제 시대
에 모반사건에 연루되어 자살하게 된다. 일설에 따르면, 그가 10년 이상이
나 모반을 기도했다고 하지만, 실제로는 온통 유자(儒者)들로 가득한 조정
에서 유학 아닌 도가(道家)를 숭상하며 다른 주장을 펴는 유안에게 덧씌
워진 모반이라는 설이 더 유력하다.

회남왕 유안은 죄를 짓고 자결한 사람이었다. 그런 그가 하늘로 올라갔
다는 설이 어쩌다가 나오게 되었는지는 알 수 없다. 다만 그의 울분을 후
세 사람들이 이런 식으로 미화했다고 볼 수도 있을 것이다.

한편 이러한 전설로부터 여러 가지 재미있는 성구들이 나오게 되었다.
고대 사회에서 갑자기 벼락출세를 하는 것을 가리켜 백일승천(白日升天)
또는 백일비승(白一飛升)이라고 하였으며, 한 사람이 출세해서 온 집안이
덕을 보게 되는 것을 발택비승(拔宅飛升) 또는 일인득도 계견승천(一人得

道 鷄犬昇天)이라고 조소하기도 하였다. 그리고 권세에 아부하여 출세하는 자들을 가리켜 회남계견(淮南鷄犬)이라는 말로 비웃기도 하였다.

天道是非

천 도 시 비

天道是非　　　하늘 天 길 道 옳을 是 아닐 非

옳은 사람이 고난을 겪고, 그른 자가 벌을 받지 않는 것을 보면서 과연 하늘의 뜻이 옳은가, 그른가 하고 의심해 보는 말.

《노자》 제70장에, "하늘의 도는 친함이 없어서 항상 선한 사람의 편을 든다(天道無親 常與善人)"는 말이 있다. 이 말은 아무리 악당과 악행이 판을 치는 세상이라 해도 진정한 승리는 하늘이 항상 선한 사람의 손을 들어 준다는 뜻이다. 그러나 현실 속에서는 그렇지 못한 것을 우리는 수없이 보아 왔다.

《사기》를 쓴 사마천은 한나라 무제 때 인물이다. 그는 태사령으로 있던 당시 장수 이능(李陵)을 홀로 변호했다가 화를 입어 궁형(宮刑 : 거세당하는 형벌)에 처해졌다. 「이능의 화(禍)」라고 하는데, 전말은 이렇다.

이능은 용감한 장군으로, 5천 명의 병력을 이끌고 흉노족을 정벌하다가 중과부적(衆寡不敵)으로 부대는 전멸하고 자신은 포로가 되었다. 그러자 조정의 중신들은 황제를 위시해서 너나없이 이능을 배반자라며

이능 장군

사마천

비난했다. 그때 사마천은 이능의 억울함을 알고 분연히 일어나 그를 변호하였다. 이 일로 해서 사마천은 투옥되고 사내로서는 가장 치욕적인 형벌인 궁형을 당했던 것이다. 그러나 사마천은 여기에 좌절하지 않고 치욕을 씹어가며 스스로 올바른 역사서를 쓰리라고 결심하였다. 그리하여 마침내 완성한 130권에 달하는 방대한 역사서가 《사기》이다.

그는 《사기》 속에서, 옳은 일을 주장하다가 억울하게 형을 받게 된 자신의 울분을 호소해 놓았는데, 이것이 바로 백이숙제열전에 보이는 유명한 명제 곧 「천도는 과연 옳은가, 그른가(天道是耶非耶)」이다. 그는 이렇게 말한다.

"흔히 '하늘은 정실(情實)이 없으며 착한 사람의 편이다'라고 말한다. 그러나 이는 인간이 부질없이 하늘에 기대를 거는 이야기에 지나지 않는다. 이 말대로 진정 하늘이 착한 사람 편이라면 이 세상에서 선인은 항상 영화를 누려야 할 것이다. 허나 실상은 그렇지 않으니 어쩐 일인가?"

이렇게 말한 그는 다음과 같은 예를 들었다.

"백이 숙제가 어질며 곧은 행실을 했던 인물임은 세상이 다 아는 일이

수양산의 백이숙제

다. 그런데 그들은 수양산에 들어가 먹을 것이 없어 끝내는 굶어죽고 말았다. 공자의 70제자 중에서 공자가 가장 아꼈던 안연(顔淵)은 항상 가난에 쪼들려 쌀겨조차 배불리 먹지 못하다가 결국 젊은 나이에 죽고 말았다. 이런데도 하늘이 선인의 편이었다고 할 수 있는가. 한편 도척은 무고한 백성을 죽이고 온갖 잔인한 짓을 저질렀건만, 풍족하게 살면서 장수하고 편안하게 죽었다. 그가 무슨 덕을 쌓았기에 이런 복을 누린 것인가?"

이렇게 역사 속에서 억울하게 죽어간 사람들의 이야기를 하고 나서 사마천은 그 처절한 마지막 질문을 던진다.

"과연 천도(天道)는 시(是)인가, 비(非)인가(天道是耶非耶)?"

과연 인과응보(因果應報)란 있는 것인가? 사마천이 궁형을 당한 덕택에 결국 《사기》라는 대저술을 남기게 됨으로써 역사에 이름을 남기게 되었으니, 그것이 하늘이 그에게 보답을 한 것이라고 말할 수 있을까?

비 전 불 행
非錢不行　　非钱不行　　　아닐 **非** 돈 **錢** 아닐 **不** 행할 **行**

➤

　　돈이 아니면 행하지 않는다는 뜻으로, 뇌물을 쓰지 않고서는 아무 일도 되지 않는다는 관(官)의 기강이 문란함을 비유한 말.

행 로 지 인
行路之人　　行路之人　　　갈 **行** 길 **路** 어조사 **之** 사람 **人**

➤

　　오다가다 길에서 만난 사람. 자기와 무관한 사람을 이르는 말.

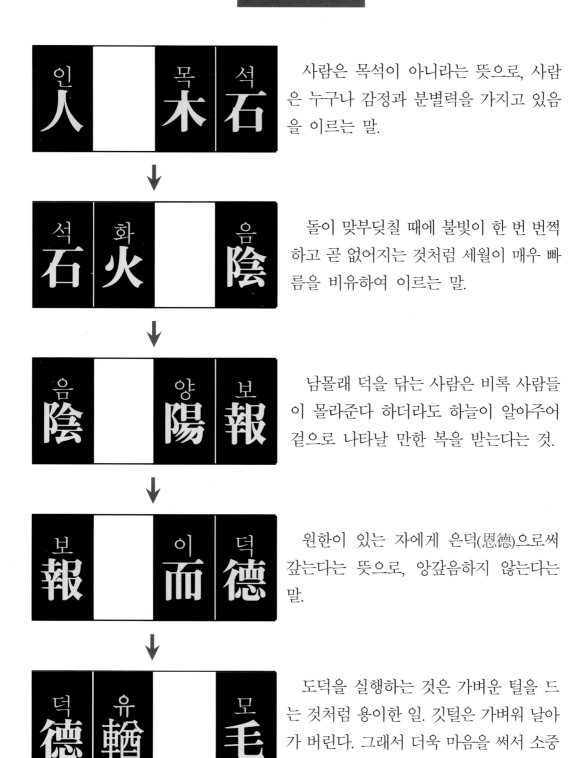

人 □ 木 石
인 목 석

사람은 목석이 아니라는 뜻으로, 사람은 누구나 감정과 분별력을 가지고 있음을 이르는 말.

↓

石 火 □ 陰
석 화 음

돌이 맞부딪칠 때에 불빛이 한 번 번쩍하고 곧 없어지는 것처럼 세월이 매우 빠름을 비유하여 이르는 말.

↓

陰 □ 陽 報
음 양 보

남몰래 덕을 닦는 사람은 비록 사람들이 몰라준다 하더라도 하늘이 알아주어 겉으로 나타날 만한 복을 받는다는 것.

↓

報 □ 而 德
보 이 덕

원한이 있는 자에게 은덕(恩德)으로써 갚는다는 뜻으로, 앙갚음하지 않는다는 말.

↓

德 輶 □ 毛
덕 유 모

도덕을 실행하는 것은 가벼운 털을 드는 것처럼 용이한 일. 깃털은 가벼워 날아가 버린다. 그래서 더욱 마음을 써서 소중히 할 필요가 있다.

↓

人非木石

인 비 목 석

人非木石　　사람 **人** 아닐 **非** 나무 **木** 돌 **石**

「사람은 감정을 가지고 있다」는 뜻으로 쓰이고 있다. 이 「인비목석」은 《사기》의 저자 사마천의 편지에 있는 「신비목석(身非木石)」이란 말과 육조시대의 포조(鮑照)가 지은 「의행로난(擬行路難)」이란 시에 있는 「심비목석(心非木石)」이란 말에서 온 것이라 볼 수 있다.

사마천은 한무제의 노여움을 사 항변할 여지도 없이 궁형(宮刑)이란 치욕의 형벌을 받기 위해 하옥되었을 때의 일을, 임소경(任少卿)에게 보내는 편지 가운데서 이렇게 말하고 있다.

"집이 가난해서 돈으로 죄를 대신할 수도 없고, 사귄 친구들도 구해주려 하는 사람이 없으며, 좌우에 있는 친근한 사람들도 말 한마디 해주는 사람이 없다. 몸이 목석이 아니거늘, 홀로 옥리들과 짝을 지어 깊이 감옥 속에 갇히게 되었다"

여기에서 말한 「몸이 목석이 아닌데」란 말은, 생명이 있는 인간으로서의 견디기 어려운 고통을 말한 것이다. 그러나 보통 「목석이 아니다」란 말은 사마천의 경우와는 달리 감정을 말하게 된다. 위에 말한 포조의 「의행로난」은 열여덟 수로 되어 있는데, 그 중 한 수에 「심비목석」이란 말이 나온다.

평평한 땅에 쏟은 물도
각기 스스로 동서남북으로 흐른다.
인생 타고나는 운명이 있거늘

어찌 능히 가는 것을 탄식하고 앉는 것을 근심하리.
술을 부어 스스로 달래려고
잔을 들어 시름 끊고 길이 험하다고 노래를 부르네.
마음이 목석이 아닌데, 어찌 감회가 없으리(心非木石豈無感)
소리를 머금고 우두커니 서서 감히 말을 못하누나.

　여기서는 분명히 "목
석이 아닌 마음이 어찌 감
회가　없으리(心非木石豈
無感)" 하고 말하고 있다.
우리들이 쓰고 있는 「인
비목석」이란　말은　이
「심비목석」에　가까운
뜻으로 쓰고 있다. 몸과 마
음을 합친 것이 사람이므

사마천 사당

로 「인비목석」이란 말이 우리에게 더 정답게 느껴진다. 「목석같은 사
나이」란 뜻으로 「목석인(木石人)」이란 말도 쓰이고 있다.

석 화 광 음
石火光陰　石火光阴　돌 石 불 火 빛 光 그늘 陰

돌이 맞부딪칠 때에 불이 번쩍이는 것과 같이 빠른 세월을 이르는 말.
「오비토주(烏飛兎走)」 라는 말도 있다. 전자는 돌멩이에 불이 번쩍
하는 것처럼 세월이 빠르다는 뜻이고, 후자는 날아가는 까마귀와 달리는
토끼, 즉 해(까마귀)가 날아가듯 시간이 빠르고 달이 내달리듯 세월이 빠
르다는 말이다.

陰德陽報
음 덕 양 보

阴德阳报

응달 **陰** 덕 **德** 볕 **陽** 갚을 **報**

남이 모르게 덕행을 쌓은 사람은 훗날 그 보답을 반드시 받음.

《일기고사(日記故事)》에 있는 이야기다.

춘추전국시대 초(楚)나라의 장왕(莊王)의 재상이던 손숙오(孫叔敖)가 어렸을 때의 일이다.

초장왕

어느 날, 밖에서 놀다가 머리가 둘 달린 뱀을 보고 죽여서 묻어 버렸다. 그런 다음 집으로 돌아와 끼니를 거르면서 고민하였다. 이를 이상히 여긴 어머니가 그 까닭을 물었다. 손숙오가 울면서 대답했다.

"머리 둘 달린 뱀을 본 사람은 죽는다고 들었습니다. 아까 그걸 보았습니다. 머잖아 나는 죽어 어머니 곁을 떠날 것입니다. 그것이 걱정됩니다"

어머니가 물었다.

"그 뱀은 어디 있느냐?"

"또 다른 사람이 볼까봐 죽여서 묻어 버렸습니다"

말을 다 들은 어머니는 이렇게 말했다.

"남모르게 덕행을 쌓은 사람은 그 보답을 받는다(陰德陽報)고 들었다. 네가 그런 마음으로 뱀을 죽인 것은 음덕이니, 그 보답으로 너는 죽지 않을 것이다"

어머니의 말대로 장성한 손숙오는 재상의 자리에까지 올랐다.

손숙오

손숙오가 재상이 되자 초나라는 관료체제가 평화롭게 단합되고 나라 안의 풍습은 훌륭하게 유지되었다. 그가 병이 들어 죽음에 가까웠을 때 아들을 불러 유언을 했다.

"왕은 때때로 나에게 땅을 주고자 했으나 나는 그때마다 사양했다. 만약 내가 죽는다면 왕은 너에게 땅을 주려 할 것이다. 그때 너는 절대로 '기름진 땅'을 받아서는 안 된다. 초나라와 월나라의 중간에 침구(寢丘)라는 높은 산지가 있다. 그 땅은 황폐한 땅이다. 그래서 누구도 이 땅을 바라지 않는다. 하지만 오래도록 보전하여 지닐 수 있는 땅은 그곳 이외에는 없다"

손숙오가 죽자 왕은 과연 그의 아들에게 좋은 땅을 주고자 했다. 하지만 아들은 좋은 땅을 사양하고 침(寢)의 구릉지대를 요청해 받았다. 그래서 그 후손들은 오늘에 이르기까지 그 땅을 계속 지닐 수 있게 되었다.

손숙오의 현명함은 불리한 것을 유리한 쪽으로 돌릴 줄 알고, 남이 싫어하는 것을 자신의 기쁨으로 돌릴 줄 아는 데 있었던 것이다.

54

報怨以德
보 원 이 덕

报怨以德

갚을 報 원망할 怨 써 以 덕 德

원한을 은덕으로 갚는다.

「보원이덕」은 설명이 필요 없는 말이다.

그리스도의 「오른쪽 뺨을 때리거든 왼쪽 뺨도 내놓으라」 하는 교훈 역시 이 말처럼 원한에 대해 대처해야 할 인간의 태도를 말한 것이라고 생각되지만, 노자(老子) 쪽이 상대에게 덕을 베풀라고 말한 점에서 보다 적극적이다. 또 그리스도의 경우는 인인애(隣人愛)에 대한 비장한 헌신을 느끼는 데 반해 노자의 경우는 그 무언지 흐뭇한 느낌이 든다.

그리스도는 맞아도 채여도 십자가에 매달려도 상대를 미워하지 않고 상대가 하는 대로 내버려두며 죽어간다는 비장한 상태를 상기시켜 주지만, 노자는 집안에 침입한 도둑에게 술대접을 하는 부잣집 영감을 상상케 한다.

노자·공자·예수

《노자》 63장에 있는 말이다.

"무위하고, 무사를 일삼고, 무미를 맛본다. 소(小)를 대(大)로 하고, 적음을 많다고 한다. 원한을 갚는 데 덕으로써 한다(爲無爲 事無事 味無味 大小

노자기우도(老子騎牛圖, 明 장로)

多少 報怨以德)"

「무미」란 「무위」나 무(無)를 상징적으로 표현한 말이다. 「무위」도 「무(無)」도 최고의 덕이다. 「도(道)」의 상태나 속성을 나타낸 말로 동이어(同異語)라고 생각해도 좋다.

「도(道)」나 「무(無)」는 무한한 맛을 가지고 있을 것이다. 그렇지 않으면 「도」라고 할 수가 없고 「무」라고도 할 수 없을 것이다. 위스키 맛이나 불고기 맛 같은 것은 아무리 미묘하고 복잡한 맛을 지녔다고 해도, 위스키 이상이 아니고 불고기 이상도 아니다. 단지 한정되어 있는 맛인 것이다.

"소(小)를 대(大)로 하고, 소(少)를 다(多)로 한다"란 노자 일류의 역설적인 표현이다.

"남(他)을 다(多)로 하고 자기(自)를 소(少)로 해서 남을 살피고 남에게서 빼앗으려는 마음을 버리라"라는 뜻일 것이다.

원래 노자류로 말한다면 대니 소니 하는 판단은 절대적인 입장에 설 수가 없는 것이다. 인간의 판단은 상대적인 것으로, 물(物)에는 소도 대도 없다는 것이 노자의 생각이다. 그러므로 남(他)을 다(多)로 하는 생각은 어리석은 생각이라고 할 수 있다. 이 항을 알기 쉽게 말하면,

"자진해서 무엇을 하려고 하지 말고, 남과 다투지 말고, 남에게서 빼앗지 말고, 무한한 맛을 알고, 자기에게 싸움을 걸고, 자기에게서 빼앗으려고 하는 자에게는 은애(恩愛)를 베풀라"는 처세상의 교훈이다.

노자 전신상

노자의 말, 특히 처세에 관한 말은 그 대개가 위정자에게 말하고 있다. 이 말도 그렇다. 그리하여 이것을 실행한 인간은 최고의 위정자이고, 성인이다. 성인이란 이상적인 대군주다. 그래서 은애를 베푸는 상대는 국민이나 또는 정복한 타국의 왕이다. 그리스도교의 「오른쪽 뺨을 맞거든 왼쪽 뺨도 내놓으라」는 것 역시 피치자(被治者)에게 하는 말이 아닌가 본다.

德輶如毛

덕 유 여 모

德輶如毛

德 德 오히려 猶 같을 如 털 毛

도덕을 실행하는 것은 가벼운 털을 드는 것처럼 용이한 일이다.

《시(詩)》에 이르기를, 「덕은 터럭과 같이 가볍다」는 뜻으로, 도덕을 실행하는 것은 가벼운 털을 드는 것처럼 용이한 일이다.

순 자

얼핏 듣기에 덕이 깃털처럼 별로 중요하지 않은 것같이 이야기하고 있지만, 그렇지가 않다. 깃털은 가벼워 날아가 버린다. 그래서 더욱 마음을 써서 소중히 간직할 필요가 있는 것이다.

순자(荀子)는 이에 대하여 「적미(積微)」라는 말을 사용했다. 적미는 날마다 깃털처럼 작은 덕을 하나하나 쌓아가는 것을 의미한다.

같은 《시경(詩經)》 대아(大雅)에 있는 말로서, "덕이 터럭같이 가벼우면 올바른 일을 하는 백성이 드물다(德輶如毛民鮮克擧)"라는 구절이 있다. 이것은 가벼운 입놀림을 경계한 것이다. 근신(勤愼)하면 입을 가볍게 놀리지 않게 된다. 맹자는 쉽게 대답하는 말은 믿을 수 없다고 했다.

새의 깃이 덜 자라서 아직 날지 못한다는 뜻으로, 사람이 성숙되지 못하고 아직 어림을 이르는 말.

↓

성	공	자	
成	功	者	

성공한 사람은 물러날 때를 알아야 한다는 것을 이르는 말.

↓

	피	삼	사
	避	三	舍

「물러나 90리를 피하다」 라는 뜻으로, 다른 사람과 다투지 않거나 다른 사람에게 양보하여 물러나는 것을 비유하는 말.

↓

사	기		인
舍	己		人

「자기를 버리고 타인을 좇는다」 는 뜻으로, 자기 개인의 이익과 욕심을 버리고 다른 사람의 선량한 행실을 본떠서 따름을 이르는 말.

↓

사람은 곤궁하면 근본으로 돌아간다는 뜻으로, 사람은 궁해지면 부모를 생각하게 됨을 이르는 말.

모 우 미 성
毛羽未成　　毛羽未成　　　　털 毛 깃 羽 아직 未 이룰 成

어린 새가 아직 깃이 다 나지 않아 날지 못한다는 뜻으로, 사람이 아직 어리다는 말. 《사기》 소진열전에 있는 이야기다.

귀곡자

소진(蘇秦)은 동주(東周)의 낙양(雒陽) 사람이다. 동쪽에 있는 제(齊)나라에 가서 스승을 찾아 귀곡(鬼谷) 선생에게서 배웠다. 그는 장서를 꺼내 두루 훑어보다가 그 중에서 주서(周書)의 음부(陰符 : 병서의 이름)를 찾아내어 책상에 머리를 파묻고 읽었다. 1년 만에 췌마술(揣摩術)을 터득한 그는 이렇게 말했다.

"이 술(術)만 가지고 있으면 당대의 군주를 설득시킬 수 있을 것이다"

그리고는 우선 주나라의 현왕(顯王)에게 설명하려고 했으나, 현왕의 측근들은 원래 소진을 잘 알고 있었던 까닭에 경멸하고 아무도 상대해 주지 않았다. 그래서 그는 서쪽에 있는 진(秦)나라로 갔다. 진나라의 효공은 이미 죽고 난 다음이어서, 왕위를 이어받은 혜왕을 만나서 말했다.

"진은 사방이 험한 요새로 둘러싸인 나라로, 산으로 둘러싸이고 위수(渭水)가 막고 있으며, 동쪽으로는 관(關)·하(河)가 있고, 서쪽에는 한중, 남쪽에는 파·촉, 그리고 북쪽에는 대(代)·마(馬)가 있어 천부의 땅입니

60

다. 이곳에 거하면 천하를 병합하고 제호(帝號)를 드날리게 될 것입니다"

진왕이 대답했다.

"새라 하더라도 깃털이 자라기 전에는(毛羽未成) 높이 날 수가 없는 법이오. 내 나라의 문교(文敎)와 정치가 갖추어지기까지는 다른 나라의 병합 따위는 생각조차 할 수 없는 일이오"

소진의 묘

진에서는 이때 상앙을 죽이고 세객(說客)들을 미워하고 있던 때인지라 소진을 등용하지 않았다. 그래서 그는 동쪽에 있는 조(趙)나라로 갔다. 이렇게 해서 소진은 6국을 유세하며 합종책을 설파하고 6국의 재상 자리에 오르게 된다.

성 공 자 퇴
成功者退
成功者退　　　이룰 **成** 공 **功** 사람 **者** 물러날 **退**

　　공을 이룬 사람은 물러나야 한다는 것이 「성공자퇴」다. 보다 구체적인 표현이 「공성신퇴(功成身退)」다. 그러나 이 말의 원 말은 「성공자거(成功者去)」다. 사람만이 아니고 모든 사물은 일단 목적을 달성한 뒤에는 다음 오는 것에게 그 자리를 물려주고 가버린다는 뜻이다.

　　《사기》범수채택열전(范雎蔡澤列傳)에 있는 채택의 말이다.

　　함께 제나라에 사신으로 갔던 수고(須賈)의 모함을 받아 거의 죽을 뻔한 범수는 나중에 이름도 장록(張祿)으로 고쳐 진(秦)나라에 가서 신임을 얻어 재상이 되었다. 그는 정치를 훌륭하게 하여 마침내 진나라를 강국으로 만들었다.

　　그러나 진나라 승상이 된 범수(范雎)도 차츰 실수를 저지르기 시작했다. 게다가 진소왕(秦昭王)의 신임마저 날로 엷어져 가고 있었다. 이 소문을 들은 채택(蔡澤)이 그의 뒤를 물려받을 생각으로 진나라로 향하게 된다. 그는 진나라에 도달하기 전 도중에 도둑을 만나 가지고 있던 여행 도구까지 다 빼앗기고 말았다.

　　함양에 도착한 채택은 소문을 퍼뜨려 범수의 귀에 들어가게 한다.

　　"연나라 사람 채택은 천하의 호걸이요 변사다. 그가 한번 진왕을 뵙게 되면 왕은 재상의 자리를 앗아 채택에게 주게 될 것이다"

　　범수는 채택을 불러들여 불쾌한 태도로 물었다.

　　"당신이 날 대신해 진나라 승상이 된다고 했다는데, 그게 사실이오?"

　　"그렇습니다"

"어디 그 이야기를 한번 들어 봅시다"

이리하여 채택은,

"어쩌면 그렇게도 보는 것이 더디십니까. 대저 사시(四時)의 순서는 공을 이룬 것은 가는 법입니다(凡夫四時之序成功者去……)" 하고 이론을 전개하기 시작, 마침내 범수를 설득시켜 그로 하여금 그 자리를 물러나야 되겠다는 것을 느끼게 했다.

이리하여 범수의 추천으로 진나라의 재상이 된 채택은 몇 달이 다 가지 않아 자기를 모략하는 사람이 있자, 자기가 범수에게 권했듯이 곧 병을 핑계로 자리를 내놓는다.

그리하여 진나라에서 편안히 여생을 보내며, 가끔 사신으로 외국에 다녀오곤 했다.

退避三舍

퇴 피 삼 사

退避叁舍   물러날 **退** 피할 **避** 석 **三** 삼십리 **舍**

「물러나 90리를 피하다」 라는 뜻으로, 다른 사람과 다투지 않거나 다른 사람에게 양보하여 물러나는 것을 비유하는 말이다.

《좌씨전》의 희공(僖公) 23년조에 있는 이야기다.

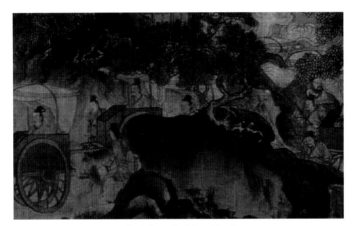
망명을 떠나는 중이

춘추시대의 진(晉)나라 헌공(獻公)의 아들인 중이(重耳)는 서모인 여희(驪姬)가 자신의 소생을 태자로 옹립하기 위해 벌인 모함을 피해 망명하여 이 나라 저 나라를 떠돌고 있었다.

그는 태자가 아니었으나 진나라에서의 왕위계승 문제가 어지럽자 백성들 중에는 그의 귀국을 바라는 이가 많아 즉위의 가능성이 매우 컸으므로 각국이 그를 예우해 주었다.

그가 초(楚)나라에 갔을 때의 일이다.

초나라 성왕(成王, 재위 BC 672~626)은 성대한 잔치를 베풀어 그를 환대하면서 이렇게 말했다.

"장차 공자께서 귀국하시면 내가 베푼 이 환대를 무엇으로 보답해 주시겠소?"

그러자 중이가 대답했다.

"대왕의 덕택으로 다행히 귀국하여 왕위에 오른 뒤 우리 두 나라 사이에 전쟁이 벌어진다면 나는 우리 군사들에

진문공(重耳) 복국도(復國圖)

게 3사(三舍 : 1舍는 30리)를 후퇴(晉楚治兵 遇於中原 其避君三舍)하는 것으로써 오늘의 후대에 보답하겠습니다. 그러나 그래도 대왕께서 양보하시지 않는다면 어쩔 수 없이 일전을 불사하게 되겠지요"

떠돌이 망명자 처지인 중이가 이렇게 말하자, 초나라 군신 중에는 중이의 말에 격노해 죽여 버리자는 사람들도 있었으나 성왕은 그들을 제지했다.

나중에 중이는 진나라로 돌아가 왕위에 올랐는데, 그가 바로 진문공(晉文公)이다. 문공이 다스린 뒤로부터 진나라는 날로 강성해졌다.

BC 633년에 진나라는 초나라와 싸우게 되었는데, 문공은 약속을 지켜 군대를 90리 뒤로 물러나도록 하였다. 초나라의 장군은 문공의 뜻을 모르고 두려워서 후퇴한 것이라고만 여겨 결전을 벌였다가 대패하였다.

진문공

여기서 유래하여 「퇴피삼사」는 다른 사람에게 양보하여 물러나는 것을 비유하는 말로 사용된다.

이 고사는 본래 「피군삼사(避軍三舍)」인데 이를 피삼사 또는 「퇴피삼사」로 바꿔 표현한 것이다.

舍己從人
舍己从人 버릴 **舍** 자기 **己** 좇을 **從** 남(타인) **人**

「자기를 버리고 타인(他人)을 좇는다」는 뜻으로, 자기 개인의 이익과 욕심을 버리고 다른 사람의 선량한 행실을 본떠서 따른다는 것을 말한다.

《서경(書經)》 대우모(大禹謨)에 있는 말이다.

우(禹)가 순임금에게 말했다.

"임금의 자리에 있는 사람은 그 임금 됨을 어렵게 여기지 않으면 안 되며, 신하된 자는 그 신하 됨을 어렵게 생각지 않으면 안 될 것입니다. 그리하면 정사는 잘 다스려지고 백성들은 덕을 숭상하기에 힘쓸 것입니다"

그러자 순임금이 말했다.

"그렇다. 진실로 그렇게 하면 좋은 말이 숨겨질 리가 없고, 어진이가 초야에 묻혀 지내지

순임금

않게 되어 온 나라가 다 평안하게 될 것이다. 여러 사람에게 의논하여 '나를 버리고 남을 좇으며(舍己從人 : 나의 의견을 주장하지 말고 남의 좋은 의견에 따르며), 의지할 곳 없는 이를 학대하지 않고(不虐無告) 곤궁한 이들을 내버려두지 않는(不廢困窮)' 일들은 오직 임금 된 사람

禹
于邦　烝民乃粒
在茲　庶中九執
好言　九功由立
不粹　振古奠及

우임금

만이 할 일이라 할 수 있는 것이다"

또한 《공손추》에서 맹자도 말했다.

"자로(子路)는 사람들이 그에게 잘못이 있다고 일러주면 기뻐하였고, 우임금은 옳은 말을 들으면 절을 하셨다. 위대한 순임금께서는 더 훌륭하셨으니, 선(善)을 남과 더불어 하셨다. '자기를 버리고 남을 따르시며(舍己從人)' 남에게서 취하여 선을 행하기를 즐기셨다. 농사짓고, 질그릇을 굽고, 고기 잡는 이에서부터 임금이 되기까지 남에게서 취하지 않은 것이 없다. 남에게서 취하여 선을 행하는 것―이것이 남이 선을 행하도록 돕는 것이다. 그러므로 군자는 사람들이 선을 행하는 것을 도와주는 것보다 더 중대한 일은 없다"

또 조선 중기의 학자이자 문신인 이황(李滉, 1501~1570)의 《퇴계집(退溪集)》에도 이런 말이 있다.

"자기를 버리고 남을 따르지 못하는 것은 배우는 사람의 큰 병이다

68

(不能舍己從人 學者之大病). 천하
의 의리는 끝이 없는데 어떻게
자기 자신만 옳고 남을 옳지 않
다고 할 수 있는가? 사람이 질
문을 하면, 곧 얕고 가까운 말
이라도 반드시 마음에 담아두고
잠깐 뒤에 대답하며, 즉시 질문
에 응하여 답하지 말라"

퇴계 이황

　자기 자신의 생각이나 의견만
을 내세우지 않고 다른 사람의
뜻을 좇는다는 뜻인데, 타인의 말과 행동을 본받아 자신의 언행을 바
로잡는다는 말이다.

인 궁 반 본
人窮反本

人窮反本　사람 **人** 궁할 **窮** 되돌릴 **反** 근본 **本**

사람은 곤궁하면 근본으로 돌아간다. 사람은 궁해지면 부모를 다시 생각하게 됨을 이르는 말. 《사기(史記)》에 있는 말이다.

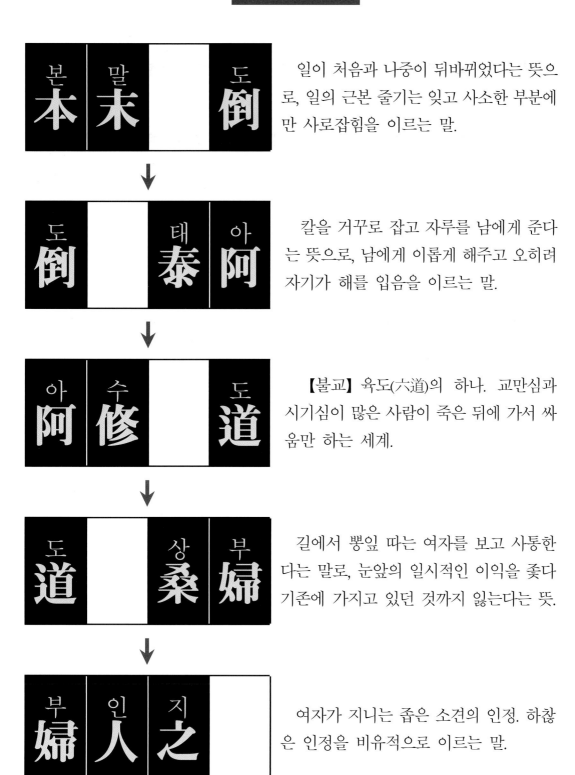

본 말 □ 도
本 末 倒

일이 처음과 나중이 뒤바뀌었다는 뜻으로, 일의 근본 줄기는 잊고 사소한 부분에만 사로잡힘을 이르는 말.

도 □ 태 아
倒 泰 阿

칼을 거꾸로 잡고 자루를 남에게 준다는 뜻으로, 남에게 이롭게 해주고 오히려 자기가 해를 입음을 이르는 말.

아 수 □ 도
阿 修 道

【불교】육도(六道)의 하나. 교만심과 시기심이 많은 사람이 죽은 뒤에 가서 싸움만 하는 세계.

도 □ 상 부
道 桑 婦

길에서 뽕잎 따는 여자를 보고 사통한다는 말로, 눈앞의 일시적인 이익을 좇다 기존에 가지고 있던 것까지 잃는다는 뜻.

부 인 지 □
婦 人 之

여자가 지니는 좁은 소견의 인정. 하찮은 인정을 비유적으로 이르는 말.

풀이

본 말 전 도
本末顛倒
本末顛倒　　　밑 **本** 끝 **末** 넘어질 **顛** 넘어질 **倒**

일이 처음과 나중이 뒤바뀜. 일의 근본(根本) 줄기는 잊고 사소한 부분에만 사로잡힘.

倒持泰阿

도 지 태 아

倒持泰阿　　거꾸로 **倒** 잡을 **持** 클 **泰** 언덕 **阿**

「태아(泰阿)를 거꾸로 쥐었다」는 뜻으로, 칼을 거꾸로 잡고 자루를 남에게 준다. 곧 남을 이롭게 해주고 오히려 자기가 해를 입음. 태아는 전설적인 명검이다. 명검을 거꾸로 잡아, 손잡이는 다른 사람이 잡게 한다는 뜻으로, 남에게 큰 권한을 주고 자신은 도리어 피해를 입음을 비유한 말.

《한서》 매복전에 있는 이야기다.

한(漢)나라 성제(成帝) 때 매복(梅福)이라는 사람은 젊은 시절 장안에서 공부를 해 경서(經書)에 밝았다. 그로 인하여 그는 구강군의 문학(文學 : 지방관아의 문화교육 담당자)이 되었다가 남창현의 현위(縣尉)가 되었으나 관직을 버리고 시골에서 살면서 황제에게 여러 번 상소했으나 받아들여지지 않았다.

당시 성제는 대장군 왕봉(王鳳)에게 모든 정사를 맡겼는데 왕봉의 전횡이 심했다. 이에 매복은 다시 상소를 올렸다.

"공자께서 이르시기를, '일을 잘하는 장인(匠人)은 먼저 공구를 날카롭게 한다'라고 했습니다. 진(秦)나라에 이르러서는 그 말대로 하지 않고 비방의 그물(誹謗之罔)을 펼쳐서 한나라를 위하여 (현명한 선비를) 몰아다 주었고, 태아를 거꾸로 잡아(倒持泰阿) 초(楚)나라에 그 자루를 잡도록 했습니다. 만약 그 칼자루만 놓치지 않았다면 비록 천하에 순종하지 않는 무리가 있다고 하더라도 감히 그 칼날에 맞서려고 하지 못했을 것입니다. 이 것이 바로 효무황제께서 영토를 확장하고 공훈을 세워서 한나라의 세종이 되신 까닭입니다"

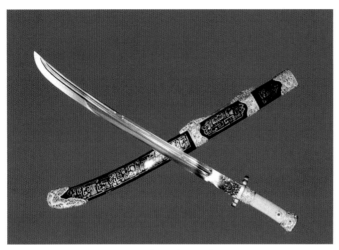
명대에 만들어진 태아검

태아(泰阿)에 대해 서는 다음과 같은 이야기가 있다. 진(晉)나라 초, 무제(武帝) 때, 어떤 사람이 춘추시대 오나라와 월나라의 경계가 있던 곳의 하늘, 즉 두성(斗星)과 우성(牛星)의 사이에서 보

랏빛 기운이 자주 나타나는 것을 보았다. 당시 중서령으로 있던 장화(張華)는 천상(天象)을 잘 보는 뇌환(雷煥)이라는 사람에게 무슨 연고인지를 물었다. 뇌환은 이렇게 설명하였다.

"이것은 명검의 빛줄기입니다. 두성과 우성의 곧게 솟아오르는 빛을 보니, 그 보검은 평범한 것이 아닐 것입니다"

장화가 다시 물었다.

"그렇다면 그 명검은 어디에 있소?"

뇌환은 하늘을 자세히 살펴보더니 이렇게 말했다.

"아마 예장군(豫章郡) 풍성현(豊城縣 ; 지금의 강서성 남창 부근)일 것입니다"

장화가 뇌환을 풍성 현령으로 천거하자, 그는 곧 임명을 받고 부임하였

74

다. 뇌환은 풍성에 도착하여 보검의 행방을 찾기 시작하였다. 그는 한 감옥의 지하에서 검광(劍光)의 근원을 찾아냈다. 그는 곧 감옥으로 가서 땅을 파기 시작하였다. 네 장(丈)쯤 파내려가자 돌 상자가 나왔다. 열어보니

청대(淸代)의 용천검

그 안에는 한 쌍의 검이 있었다. 검 위에는 용천(龍泉)과 태아라는 이름이 각각 새겨져 있었다. 그날 밤, 다시 별자리를 살펴보니 두성과 우성 사이에 있었던 보랏빛은 사라지고 없었다.

아 수 라 도
阿修羅道
阿修罗道 언덕 阿 닦을 修 새그물 羅 길 道

강한 투쟁심과 시의(猜疑 : 시기하고 의심함)·질투·집착의 마음을 말한다. 아수라는 산스크리트어를 음역(音譯)한 한자어로 귀신을 말한다. 아수라도는 지옥·아귀·축생·인간·천상과 나란히 육도(六道)의 하나로 여겨지는 수라도의 세계를 말한다. 《대장경》에 있는 말이다.

아수라녀

「아수라장(阿修羅場)」이라는 말이 있다. 끔찍하게 흐트러진 현장을 이르는 말이다.

아수라는 본래 육도 팔부중(八部衆)의 하나로서 고대 인도신화에 나오는 선신(善神)이었는데 후에 하늘과 싸우면서 악신(惡神)이 되었다고 한다.

아수라는 얼굴이 셋이고 팔이 여섯인 흉측하고 거대한 모습을 하고 있다. 그는 증오심이 가득하여 싸우기를 좋아하므로 전신(戰神)이라고도 한다. 그가 하늘과 싸울 때 하늘이 이기면 풍요와 평화가 오고, 아수라가 이기면 빈곤과 재앙이 온다고 한다.

인간이 선을 행하면 하늘의 힘이 강해져 이기게 되고, 악을 행하면 불의가 만연하여 아수라의 힘이 강해진다. 아수라를 물리치는 것은 결국 인간의 노력 여하에 달려있다. 인간이 선행을 하고 정의로운 사회를 이룰 때 악의 상징인 아수라는 발을 못 붙이게 될 것이고 그렇게 되면 자연히 피비린내 나는 아수라장도 자취를 감추게 될 것이다.

아수라도

　인도의 서사시 「마하바라타」에는 비슈누신의 원반에 맞아 피를 흘린 아수라들이 다시 공격을 당하여 시체가 산처럼 겹겹이 쌓여 있는 모습을 그리고 있다. 피비린내 나는 전쟁터를 아수라장이라 부르는 것도 여기에서 유래되었다. 그러므로 눈뜨고 볼 수 없는 끔찍하게 흐트러진 현장을 가리키는 말이다.

道見桑婦

道见桑妇　　　길 **道** 볼 **見** 뽕나무 **桑** 지어미 **婦**

「길에서 뽕을 따는 여자를 보고 말을 한다(사통)」라는 뜻으로, 하고 싶은 대로 일시적인 이익을 구하려다가 결국에는 기존에 갖고 있던 것까지 모두 잃게 됨을 비유하는 말. 지나친 욕심을 경계하는 말이다.

춘추전국시대 진(晉)나라의 문공(文公)이 나라 밖으로 나가 제후들을 모아 위(衛)나라를 정벌하고자 하였다. 그 때 공자(公子) 서(鋤)가 하늘을 우러러보며 크게 웃었다.

이를 본 문공이 물었다.

"그대는 어찌하여 그렇게 웃는 것이오?"

공자 서가 말했다.

"신이 웃는 것은, 이웃사람 중에 그 아내가 사가(私家)로 가는 것을 배웅하다가 길가에서 뽕잎을 따는 여자를 보고 기쁘게 그녀와 더불어 이야기를 나누었습니다. 그러다가 뒤돌아서서 그의 아내를 보니 아내 역시 손짓하여 부르는 남자가 있었습니다. 신은 이 남자의 일을 생각하고 웃은 것입니다(臣笑隣之人有送其妻適私家者 道見桑婦 悅而與言 然顧視其妻 亦有招之者矣 臣竊笑此也)"

문공은 이 말을 듣고 깨달은 바가 있어 곧 위나라를 정벌하려던 계획을 포기하고 돌아왔다. 문공이 미처 국내로 돌아오지 못하였을 때 진나라의 북쪽 변방의 땅을 침범하는 나라가 있었다.

「도견상부」는 내가 할 수 있는 일은 남도 할 수 있다는 비유로, 내가 남의 땅을 넘보는 사이에 자기 나라가 공격의 대상이 될 수 있다는 이야기이다. 이와 같이 누구나 생각하고 행동할 수 있는 일을 가지고 자기만 한다는 착각에 빠져 작은 이익을 찾아 뛰어들었다가 기왕에 가지고 있

진문공 복국도(復國圖)

던 것마저 잃게 된다는 뜻이다.

　「욕심이 사람 죽인다」는 속담이 있다.

　또 "달리는 노루를 돌아보면 잡았던 토끼를 놓친다(奔獐顧 放獲兎)"는 말도 있다. 인간의 끊임없는 욕심 때문에 벌어지는 사건들이 너무나도 많다. 남의 것을 탐낼 것이 아니라, 자신이 가진 것을 지키며 열심히 살 일이다.

부 인 지 인
婦人之仁　　妇人之仁　　여자 婦 사람 人 의 之 어질 仁

여자의 소견이 좁은 어진 마음이라는 뜻으로, 쓸데없는 여자의 자애심. 전(轉)하여 하찮은 인정이나, 대체(大體)를 모르는 고식적(姑息的)인 인정. 《사기》 회음후열전(淮陰侯列傳).

仁言利博 (인언이박)

인덕(仁德)이 있는 사람의 말과 행동은 널리 대중(大衆)에게까지 이익이 미침.

↓

博□約禮 (박□약례)

지식은 넓게 가지고 행동은 예의에 맞게 하라는 공자의 말.

↓

禮勝則離 (예승즉이)

예절이 지나치면 도리어 사이가 멀어짐.

↓

離群索居 (이군삭거)

붕우(朋友)의 무리를 떠나 독거함을 이르는 말.

↓

居安□危 (거안□위)

편안하게 있을 때 위태로움을 생각하다. 근심이나 걱정거리가 없을 때 장차 있을지 모를 위험에 미리 준비하고 대비하라는 말.

↓

仁言利博
인 언 이 박

仁言利博　　　사람 **人** 말씀 **言** 이익 **利** 넓을 **博**

인덕이 있는 사람의 언동은 널리 대중에까지 이익이 미침.

《춘추좌씨전(春秋左氏傳)》

博文約禮
박 문 약 례

博文约礼　　넓을 **博** 글월 **文** 요약할 **約** 예도 **禮**

「지식은 넓게 가지고 행동은 예의에 맞게 하라」는 공자의 말에서, 널리 학문을 닦고 사리를 깨달아 예절을 잘 지킴을 이르는 말이다.

공자는 《논어》 옹야편에서 이렇게 말했다.

"군자는 글을 널리 배우되 예로써 그것을 조이고 단속해야 한다. 그래야 비로소 도에 어긋나지 않을 것이다 (君子 博學於文 約之以禮 亦可以弗畔矣夫)"

이 말은, 지식은 넓을수록

공자제자 72현

좋지만, 그것이 단지 지식으로만 그치고 행위와는 무관하게 되지 않기를 경계한 것이다. 이때의 예는 도덕적 행위규범을 말한다.

공자는 넓은 지식의 추구와 예의에 맞는 행동을 아울러 강조하였다. 즉, 학문과 지식을 폭넓게 습득하되, 일관된 도리로 통괄하고 동시에 예의범절에 맞게 행동해야 그 학식이 나라에 유익하게 쓰인다는 것이다.

한편, 자한(子罕)편에는, 공자를 칭송한 안회의 말에,

"공부자께서는 사람을 친근하게도 잘 이끄시어 문으로써 나의 지식을 넓혀주셨고 예로써 나의 행동을 요약하게 해주셨다(夫子 循循然善誘人 博我以文 約我以禮)"라고 한 말이 있는데, 주석에 따르면 「학문을 먼저

안 회

가르치고 예로써 요약하게 하여 주는 것」이 공자의 교육 순서라고 한다.

오늘날 일부 몰지각한 지식층이 자신의 지식을 악용하여 저지르는 비행은 때때로 엄청난 사회적 물의를 빚는 경우가 많다.

학문을 널리 습득하되, 사회적 책무에 비추어 어긋나지 않게 행동해야 한다는 공자의 가르침이 새삼 부각되는 까닭이 여기에 있다. 현대사회에서 공자의 가르침은 결코 고리타분한 탁상공론이 아니라 살아있는 사회규범으로 손색이 없는 것이다.

「박문약례」는 현대사회를 관통하는 훌륭한 행동양식이라 할 수 있다.

예 승 즉 이
禮勝則離　　　禮胜則離　　　예도 **禮** 이길 **勝** 곧 **則** 떨어질 **離**

예절이 지나치면 도리어 사이가 멀어짐.

이 군 삭 거
離群索居　　　離群索居　　　떼놓을 **離** 무리 **群** 흩어질 **索** 있을 **居**

붕우(朋友)의 무리를 떠나 독거함을 이르는 말. 군(群)은 동문(同門)의
벗, 삭(索)은 흩어짐. 《예기》

居安思危

居安思危　　　살 居 편안 安 생각할 思 위태할 危

편안하게 있을 때 위태로움을 생각하다. 근심이나 걱정거리가 없을 때 장차 있을지 모를 위험에 미리 준비하고 대비하라는 말로서, 「유비무환(有備無患)」과 같은 말이다.

《춘추좌씨전(春秋左氏傳)》에 있는 이야기다.

춘추전국시대, 정(鄭)나라가 초(楚)나라의 침략을 받았을 때 당시 세력이 강하던 진(晉)나라는 11개국의 제후(諸侯)를 설득하여 초나라를 규탄하고 동맹을 맺어 응징하자고 앞장을 섰다.

결국 열두 나라는 정나라를 도와 승리를 거두었는데, 강화 후 정나라는 진나라의 은혜에 보답하여 전차(戰車)를 비롯한 많은 병기와 3명의 악사(樂師), 16명의 미인을 보냈다.

진나라 왕 도공(悼公)은 이 사례품의 반을 이번 싸움에 크게 공을 세운 충신 위강(魏絳)에게 하사하면서 그의 공을 치하하고 위로하였다.

위강은 굳이 사양하면서 왕에게 아뢰었다.

"폐하께서는 생활이 편안하면 위험을 생각하고, 생각하면 준비를 갖추어야 화를 면할 수 있다(居安思危 思則有備 有備無患)는 이치를 받아들이시기 바랍니다"

결국 위강은 세 번 사양한 뒤 그 하사품을 받았다.

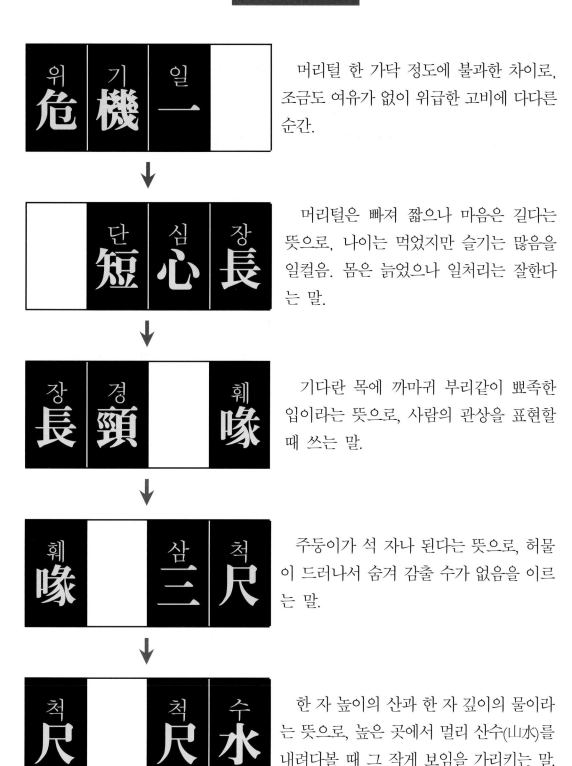

위 기 일
危 機 一 □

머리털 한 가닥 정도에 불과한 차이로, 조금도 여유가 없이 위급한 고비에 다다른 순간.

□ 단 심 장
□ 短 心 長

머리털은 빠져 짧으나 마음은 길다는 뜻으로, 나이는 먹었지만 슬기는 많음을 일컬음. 몸은 늙었으나 일처리는 잘한다는 말.

장 경 □ 훼
長 頸 □ 喙

기다란 목에 까마귀 부리같이 뾰족한 입이라는 뜻으로, 사람의 관상을 표현할 때 쓰는 말.

훼 □ 삼 척
喙 □ 三 尺

주둥이가 석 자나 된다는 뜻으로, 허물이 드러나서 숨겨 감출 수가 없음을 이르는 말.

척 □ 척 수
尺 □ 尺 水

한 자 높이의 산과 한 자 깊이의 물이라는 뜻으로, 높은 곳에서 멀리 산수(山水)를 내려다볼 때 그 작게 보임을 가리키는 말.

危機一髮

위 기 일 발

危机一髮

위태할 危 기회 機 한 一 터럭 髮

머리털 한 가닥 정도에 불과한 차이로, 조금도 여유가 없이 위급한 고비에 다다른 순간.

髮短心長

발 단 심 장

髮短心长

터럭 髮 짧을 短 마음 心 길 長

머리털은 빠져 짧으나 마음은 길다는 뜻으로, 나이는 먹었지만 슬기는 많음을 일컬음. 《춘추좌씨전(春秋左氏傳)》

長頭烏喙

장 경 오 훼

长颈乌喙

길 長 목 頸 까마귀 烏 부리 喙

환난은 같이할 수 있으나 안락은 같이 누릴 수 없는 사람.

「장경오훼」는 긴 목과 뾰족 나온 입을 말한다. 범려(范蠡)가 월왕 구천(句踐)을 평한 말이다. 인물됨이 편협하고 의심이 많아서 성취하고자 하는 일을 이루고 나면 협력자나 동지에게 등을 돌릴 사람됨을 일컫는다.

《사기》월세가에 있는 이야기다.

범려는 춘추시대 월(越)나라의 명신이었다. 그가 활약한 때는 오나라와 월나라 간의 숙명의 대결이 벌어지던 혼란한 시대였다. 「와신상담(臥薪嘗膽)」이니 「오월동주(吳越同舟)」니 하는 고사들이 다 이런 배경 속에서 나온 것이다.

오자서(伍子胥)의 활약으로 바야흐로 패자가 되기 위해 세력을 확장하려는 합려는 오랫동안 눈엣가시였던 월나라부터 평정하려 했던 것이다. 그러

범 려

나 이 싸움에서 오히려 패해 합려도 이때 입은 부상으로 죽고 말았다. 그의 아들 부차(夫差)는 아버지의 원수를 갚기 위해 장작더미 위에서 자면서(臥薪) 복수의 칼을 갈았고, 마침내 3년 만에 월나라와의 싸움에서 이겨 월왕 구천을 회계산(會稽山)에 몰아넣었다. 부차는 오자서의 반대에도 불

구하고 항복을 청해오는 구천을 용서해 주었다.

회계산

싸움에 크게 패한 구천은 겨우 5천 명 남은 군사를 거느리고 회계산에서 농성을 하지만 결국은 견디지 못하고 오나라에 항복을 하고 만다. 구천은 내외가 함께 오나라의 포로가 되어 범려와 함께 갖은 고역과 모욕을 겪은 끝에 영원히 오나라의 속국이 되기를 맹세하고 무사히 귀국한다.

구천은 자기 나라로 돌아오자 일부러 몸과 마음을 괴롭히며, 자리 옆에는 항상 쓸개를 달아매어 두고, 앉을 때나 누울 때나 이 쓸개를 씹으며 쓴맛을 되씹었다. 또 음식을 먹을 때도 먼저 쓸개를 씹고 나서, "넌 회계의 치욕(會稽之恥)을 잊었느냐" 하고 자신을 타이르곤 했다.

월왕 구천이 오나라를 쳐서 이기고 오왕 부차로 하여금 자살하게 만든 것은 이로부터 20년 가까운 뒷날의 일이었다. 월왕 구천이 패자가 되고 나자, 그의 곁에서 충실히 보좌했던 범려는 월나라를 떠날 채비를 차렸다.

"큰 위세 밑에서는 오래 무사하기 힘들다"는 말을 남긴 범려는 제(齊)

나라로 갔다. 제나라에 있게 된 범려는 월나라의 대부 종(種)에게 편지를 보냈는데, 그 내용 가운데 이런 말이 있다.

"나는 새가 다하면 좋은 활이 들어가고, 날랜 토끼가 죽으면 달리는 개가

월왕 구천

삶긴다(蜚鳥盡 良弓藏狡兎死 走狗烹). 월나라 임금의 사람됨이, 목이 길고 입이 까마귀처럼 생겼다(長頸烏喙). 환난은 같이할 수 있어도 즐거움은 같이 할 수가 없다. 그대는 어찌하여 떠나가지 않는가?"

이를 읽은 대부 종은 병을 핑계로 조회에 나가지 않았다. 그러자 어떤 이가 그를 참소했다. 이에 대노한 월왕 구천은 종에게 검(劍)을 내려주면서 이 같은 말을 덧붙였다.

"그대는 과인에게 오나라를 치는 방법 7가지를 가르쳐 주었고, 나는 그 중 셋을 써서 오를 이겼다. 나머지 넷은 그대에게 있으니 어디 선왕(先王)을 위해서 써보라"

이는 죽어 선왕이 계신 지하에나 가서 써보라는 말로서, 곧 보내준 검으로 자결하라는 뜻이었다. 결국 대부 종은 범려의 말을 듣지 않아 월왕 구천에게 죽고 말았다.

喙長三尺

喙长叁尺

주둥이가 석 자나 길어도 변명할 수 없다는 뜻으로, 허물이 드러나서 숨겨 감출 수가 없음을 이르는 말. 큰 허풍을 떨거나 말을 매우 잘 함을 비유하는 말.

《장자(莊子)》 서무귀(徐无鬼)편에 있는 이야기다.

공자 동부조(銅浮彫)

공자가 초(楚)나라에 갔을 때, 초나라 왕은 연회를 베풀어 공자를 맞이했다. 초나라 승상 손숙오(孫叔敖)는 술잔을 들고 일어서고, 시남의료(市南宜僚 : 우화 속의 사람)는 술을 받아 땅에 뿌리면서 공자에게 말했다.

"옛 사람들은 이럴 때 무언가 말을 하였다는데, 부디 한 말씀을 해주십시오"

공자가 말했다.

"나는 말이 없는 가르침이란 말을 들은 적은 있는데, 아직 말을 해본 적이 없습니다(丘也聞不言之言矣 未之嘗言 於此乎言之). 이번 기회에 그것을 말하겠습니다. 시남의료는 공놀이를 하고 있었으므로, 백공승과 영윤 자서의 집안에는 재난이 없었습니다. 손숙오가 부채질을 하면서 편안하게 졌기 때문에, 초나라 사람들은 군사들을 움직이지 않았습니다. 저의 입이 석 자만 되었다면 말을 더 잘 할 수 있겠습니다만(丘願有喙三尺)"

손숙오

시남의료와 손숙오가 한 것을 말하지 않고 도(道)을 얻은 것의 도(道)라 하고, 공자는 말하지 않고 뜻을 안 것이라 할 수 있다. 그러므로 덕(德)은 하나 뿐인 도(道)에 귀결되고, 말은 지혜로 깨달은 수 없는 곳에 그치면 지극한 것이다.

93

척 산 척 수
尺山尺水　　尺山尺水　　　　　자 尺 뫼 山 물 水 ➤

높은 곳에서 멀리 산수(山水)를 내려다볼 때 그 작게 보임을 가리키는 말.

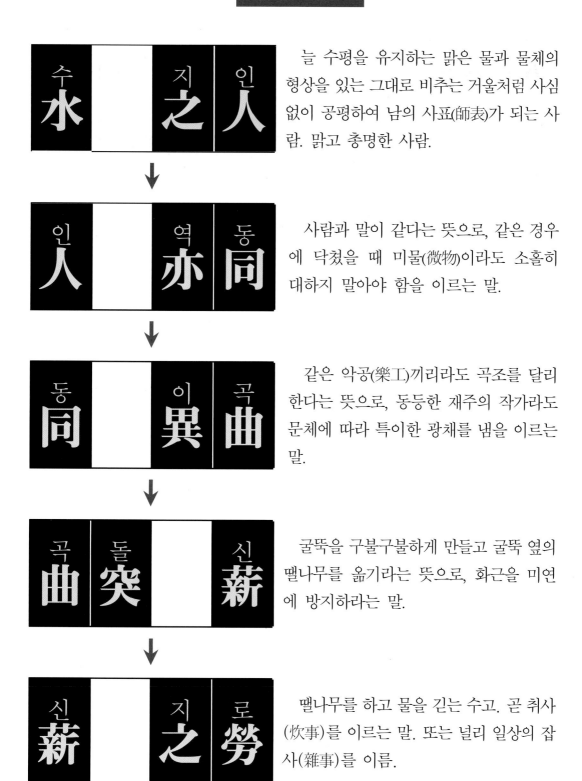

水□之人
수 지 인

늘 수평을 유지하는 맑은 물과 물체의 형상을 있는 그대로 비추는 거울처럼 사심 없이 공평하여 남의 사표(師表)가 되는 사람. 맑고 총명한 사람.

人□亦同
인 역 동

사람과 말이 같다는 뜻으로, 같은 경우에 닥쳤을 때 미물(微物)이라도 소홀히 대하지 말아야 함을 이르는 말.

同□異曲
동 이 곡

같은 악공(樂工)끼리라도 곡조를 달리한다는 뜻으로, 동등한 재주의 작가라도 문체에 따라 특이한 광채를 냄을 이르는 말.

曲突□薪
곡 돌 신

굴뚝을 구불구불하게 만들고 굴뚝 옆의 땔나무를 옮기라는 뜻으로, 화근을 미연에 방지하라는 말.

薪□之勞
신 지 로

땔나무를 하고 물을 긷는 수고. 곧 취사(炊事)를 이르는 말. 또는 널리 일상의 잡사(雜事)를 이름.

水鏡之人

수 경 지 인

水镜之人   물 水 거울 鏡 의 之 사람 人

모범이 될 만한 사람, 총명한 사람의 비유. 수경(水鏡)은 물거울. 또는 물과 거울. 흐린 데가 없이 맑고 밝게 사람을 비춘다는 비유로 쓰인다. 《진서(晉書)》

人馬亦同

인 마 역 동

人马亦同　　　사람 **人** 말 **馬** 또한 **亦** 같을 **同**

사람과 말이 한가지로 같다는 말로, 같은 경우에 닥쳤을 때 미물(微物)이라도 처우를 소홀히 하지 않아야 한다는 뜻으로 쓰임.

同工異曲

동 공 이 곡

同工异曲

같을 **同** 장인 **工** 다를 **異** 가락 **曲** ▶

재주나 솜씨는 같지만 표현된 내용이나 맛이 다름.

원래 이 「동공이곡(同工異曲)」은 상대를 칭찬해서 한 말이었는데, 지금은 오히려 경멸하는 뜻으로 쓰이는 경우가 많다. 즉 똑같은 내용의 사물을 다른 것처럼 보이려 하고 있는 경우를 꼬집어서 말할 때 흔히 쓰인다.

한 유

동공이곡이란 말은 한유의 「진학해(進學解)」란 글에 나오는 말이다. 해(解)는 남의 의심을 풀어 주는 글이란 뜻으로, 문장의 한 형태로 되어 있다.

한유는 천하의 문장이면서도 출세에는 뜻을 이루지 못하고, 늦게까지 사문박사(四門博士)라는 관직에 머물러 있었다. 그는 이 「진학해」란 글을 통해 스스로를 위로하고 또 타이르고 있다. 「진학해」를 간단히 소개하면 이런 내용이다.

국자(國子 : 대학) 선생인 한유가 대학에 나가 학생들을 가르치고 있었다. 비록 출세를 못했다 하더라도 나라의 처사에 불평을 하지 말고 자신

98

의 학문이 부족한 것을 책하여 더욱 열심히 노력하라고 했다. 그러자 한 학생이 웃으며,

"선생님께선 모든 학문에 두루 능하시고, 문장에 있어서는 옛날의 대문장가에 필적하며, 인격에 있어서도 부족함이 없으신데, 어찌하여 공적으로는 세상의 신임을 얻지 못하고, 사적으로는 생활마저 하기가 어려운 형편이 아니십니까? 그러면서 왜 우리를 보고는 그런 말씀을 하십니까?" 하고 따졌다.

맹 자

그러자 한유는 이렇게 대답했다.

"공·맹 같은 성인도 세상에 뜻을 얻지 못하고 불행하게 생애를 마쳤다. 나 같은 삶은 그런 성인에 비교할 수조차 없지만, 그래도 죄를 범한 일 없이 나라의 녹을 먹으며 잘 살고 있지 않은가. 따라서 세상 사람들이 나를 비난하는 것이 조금도 이상할 게 없으며, 박사라는 한직에 있는 것도 당연한 일이 아니겠는가"

이것이 간단한 줄거리인데, 이것은 물론 한유가 학생의 입을 빌어 자문 자답하고 있는 것이다.

사마상여

이 「진학해」에서 학생은 한유의 문장을 칭찬하여 위로는 임금과 우임금의 문장, 그리고 《시경》의 바르고 화려함, 아래로는 장자와 굴원(屈原), 사마천, 양웅(揚雄)과 사마상여(司馬相如)와 더불어 공(工)을 같이하고 곡(曲)을 달리한다고 말했다.

즉 한유는 문체만 다를 뿐 그 내용에 있어서는 옛날 위대한 문장의 글과 조금도 다를 것이 없다는 말이다. 문자란 이렇게 본래의 뜻과는 달라지는 경우가 많다.

曲突徙薪
곡 돌 사 신

曲突徙薪 굽을 **曲** 굴뚝 **突** 옮길 **徙** 땔나무 **薪**

굴뚝을 구불구불하게 만들고 굴뚝 옆의 땔나무를 옮기라는 말로, 화근을 미연에 방지하라는 말이다.

《설원》 권모편에 이런 이야기가 있다.

옛날에 어떤 사람이 자기 집 굴뚝을 곧게 세우고 굴뚝 옆에 땔나무까지 갈무리해 놓은 것을 보고 화재가 일어나기 쉬우니 굴뚝을 구부리고 섶단을 옮겨 놓으라고 충고했다. 그러나 집주인은 들은 척도 하지 않았다.

그런데 며칠 뒤 과연 그 집에 불이 난 것이다. 마을 사람들이 달려와 겨우 불을 끄긴 했지만 적지 않은 사람이 부상을 당하고 화상까지 입었다. 그래서 집주인은 마을 사람들에게 신세를 갚기 위해 술상을 차리고 소를 잡아 대접했다. 그런데 이 자리에서 처음에 굴뚝을 고치고 땔나무를 옮기라고 충고한 사람을 기억하는 사람은 아무도 없었다. 이에 한 사람이 시를 한 수 지었는데, 그 시에, "굴뚝을 구부리고 땔나무를 옮기라고 충고한 사람의 은혜는 모르고 불에 덴 사람만 상빈 대접을 하는구나(曲突徙薪無恩澤 焦頭爛額是上賓)"라는 두 구절이 들어 있었다.

이 말은 화재의 예방책을 말한 사람은 상을 받지 못하고 불난 뒤에 불을 끈 사람이 상을 받는다는 뜻으로, 본말이 전도되었음을 지적한 것이다. 초점은 일의 근본을 잊지 말라는 것이다.

薪水之勞

신 수 지 로

薪水之劳   땔나무 薪 물 水 의 之 일할 勞

땔나무를 하고 물을 긷는 수고. 곧 취사(炊事)를 이름. 또는 널리 일상
의 잡사(雜事)를 이름.

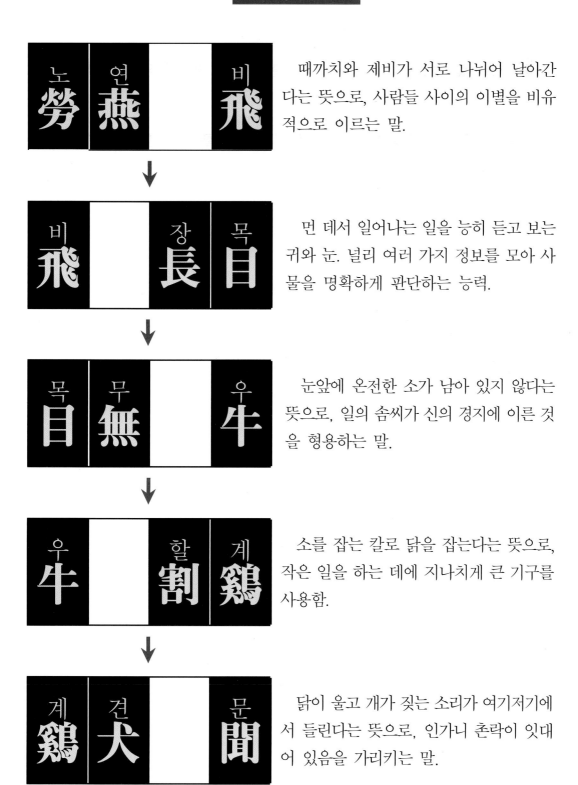

| 노 勞 | 연 燕 | | 비 飛 |

때까치와 제비가 서로 나뉘어 날아간다는 뜻으로, 사람들 사이의 이별을 비유적으로 이르는 말.

| 비 飛 | | 장 長 | 목 目 |

먼 데서 일어나는 일을 능히 듣고 보는 귀와 눈. 널리 여러 가지 정보를 모아 사물을 명확하게 판단하는 능력.

| 목 目 | 무 無 | | 우 牛 |

눈앞에 온전한 소가 남아 있지 않다는 뜻으로, 일의 솜씨가 신의 경지에 이른 것을 형용하는 말.

| 우 牛 | | 할 割 | 계 鷄 |

소를 잡는 칼로 닭을 잡는다는 뜻으로, 작은 일을 하는 데에 지나치게 큰 기구를 사용함.

| 계 鷄 | 견 犬 | | 문 聞 |

닭이 울고 개가 짖는 소리가 여기저기에서 들린다는 뜻으로, 인가니 촌락이 잇대어 있음을 가리키는 말.

勞燕分飛

노 연 분 비

勞燕分飞

일할 **勞** 제비 **燕** 나눌 **分** 날 **飛**

때까치와 제비가 따로 헤어져 날아간다는 뜻으로, 사람의 이별을 비유하여 이르는 말.

"때까치는 동쪽으로 날고 제비는 서편으로 날아가니, 견우와 직녀도 이 무렵 서로 만나리(東飛伯勞西飛燕 黃姑織女時相見)"《문선(文選)》고악부(古樂府).

飛耳長目

飞耳长目

날 飛 귀 耳 길 長 눈 目

정보 수집에 뛰어나고, 사물의 관찰이 예리하며, 세정(世情)에 정통한 것. 비이(飛耳)는 멀리 것을 나는 듯이 빨리 듣는 귀. 장목(長目)은 눈을 크게 뜨고 먼 곳까지 내다볼 수 있는 눈.

먼 데 있는 것을 잘 보고 잘 듣는 귀와 눈, 즉 학문이나 사물에 대한 관찰이 넓고 날카로움을 이르는 말. 또는 전(轉)해서 책을 두고 이르는 말. 《관자(管子)》

目無全牛

目无全牛　　눈 **目** 없을 **無** 온전할 **全** 소 **牛**

눈앞에 온전한 소가 남아 있지 않다는 뜻으로, 일의 솜씨가 신의 경지에 이른 것을 형용하는 말로서,

《장자(莊子)》양생주편(養生主篇)에 있는 이야기다.

전국시대 때 양(梁)의 문혜군(文惠君 : 혜왕)의 집에 포정(庖丁)이라는 요리사(庖)가 있었다. 그는 소를 잡아 다루는 솜씨가 아주 능란해서 소의 몸에 왼손을 가볍게 대고, 왼쪽 어깨를 슬며시 갖다 댄다. 그 손을 대고 어깨를 대며 또 한 다리를 버티고 서 있는 품, 무릎을 굽힌 품에 이르기까지 아주 훌륭하기 짝이 없는데다가 칼을 움직이기 시작하면 뼈와 살이 멋지게 떨어져 잘려진 고깃덩이가 털썩 하고 땅에 떨어진다. 이어서 칼의 움직임에 따라 버걱버걱 소리를 내며 살이 벗겨진다. 모든 것이 아주 리드미컬해서, 옛날 무악(舞樂)이었던 「상림지무(桑林之舞)」나 「경수지회(經首之會)」를 생각할 정도였다.

그래서 문혜군도 감탄하며, "정말 굉장하구나! 재주라고는 하지만 명인이 되면 이 정도까지 된단 말인가!" 했다.

그러자 포정은 칼을 곁에 놓고 한숨을 쉬면서 말했다.

"아닙니다. 제가 바라는 것은 도(道)이지 한낱 재주가 아닙니다. 물론 저도 처음 소를 잡을 때는 소에게 마음이 끌려 제대로 손도 대지 못했었습니다. 그러다가 3년쯤 지나는 동안 소 전체의 육중한 모양은 걱정하지 않게 되었습니다. 본능적인 감각을 움직여서 오관(五官 : 耳・目・口・鼻・形)의 기능이 정지되고 정신력만 남게 되었습니다. 하면 할수록 소의

몸에 있는 자연의 이치에 따라 커다란 틈새에 칼을 넣고 커다란 구멍으로 칼을 이끌어 전혀 무리한 힘을 쏟지 않게 되는 것입니다. 그래서 이제까지 단 한 번도 칼날이 긍경(肯綮)에 닿은 적이 없었습니다. 더구나 커다란 뼈에 칼을 맞부딪친다는 것은 생각도 할 수 없는 일입니다"

「긍경(肯綮)」의 긍(肯)은 뼈에 붙은 살, 경(綮)은 심줄과 뼈가 한데 엉킨 곳, 그러니 「중긍경(中肯綮)」 하면 일의 급소 요소에 닿는다는 뜻으로 쓰인다. 포정(庖丁)의 경험담은 다시 계속된다.

포정과 소

"솜씨가 좋은 요리사쯤 되면 어쩌다 칼을 부러뜨리는 정도니까 일 년에 칼 한 자루면 충분하지만, 서투른 요리사는 흔히 칼날을 단단한 뼈와 부딪혀 칼을 부러뜨리므로 한 달에 한 자루의 칼이 필요하게 됩니다. 그러나 저는 이 칼을 쓰기 시작하여 19년 동안 몇 천 마리의 소를 잡았는지 기억조차 없습니다. 보시는 바와 같이 칼날은 방금 세운 것같이 번쩍이고, 이도 하나 빠지지 않았습니다. 또한 소의 뼈마디에는 자연적인 틈이 있어 칼을 그 틈에 맞추어 넣으면 조금도 무리 없이 아주 편하게 칼을 쓸 수가

포정해우

있습니다. 물론 저도 심줄과 뼈가 엉킨 곳에 손을 댈 때에는 이건 어렵구나 하는 생각이 들어 마음을 가다듬고 한참 들여다보다가 천천히 그리고 조심조심 칼을 움직이죠"

「포정(庖丁)」은 소를 잡아 뼈와 살을 발라내는 솜씨가 아주 뛰어났던 전국시대의 이름난 백정의 이름이고, 「해우(解牛)」는 소를 잡아 뼈와 살을 발라내는 것을 말한다. 그러므로 「목무전우」는 포정의 소를 잡는 기술이 매우 뛰어남을 가리키게 되었다.

우 도 할 계
牛刀割鷄　　　牛刀割鷄　　　소 牛 칼 刀 나눌 割 닭 鷄

「할계(割鷄)에 언용우도(焉用牛刀)리오」라고 해서 「닭을 잡는 데 어떻게 소 잡는 칼을 쓸 수 있겠느냐」하는 말이다. 작은 일을 처리하는 데 큰 사람의 힘을 빌릴 필요는 없다는 비유로 쓰인 말이다.

《논어》양화편에 있는 공자와 공자의 제자 자유(子游)와의 사이에 오고 간 말 가운데 나오는 말이다.

자 유

자유가 무성(武城) 원으로 있을 때다. 공자는 몇몇 제자들과 함께 무성으로 간 일이 있다. 고을로 들어서자 여기저기서 음악소리가 들려 왔다. 그 음악소리가 아주 공자의 마음을 흡족하게 해주었던 모양이다. 자유는 공자에게 무위자연(無爲自然)의 정치사상을 배운 사람이기도 했다. 《예기》예운편에 나오는 공자의 대동사상(大同思想)도 공자가 자유에게 전한 말이다.

예(禮)는 자연의 질서를 말한다. 인간 사회의 질서를 법으로 강요하지 않고, 자연의 도덕률에 의해 이끌어 나가는 것이 예운(禮運)이다. 자유는 음악으로 사람의 마음을 순화시켜 자발적으로 착한 일에 힘쓰게 만드는 그런 정책을 쓰고 있었던 것 같다. 공자는 그 음악소리에 만족스런 미소를 띠며, "닭을 잡는 데 어찌 소 잡는 칼을

109

쓰리오(割鷄焉用牛刀)"하고 제자들을 돌아보았다.

이 말은, 조그만 고을 하나를 다스리는 데 나라와 천하를 다스리기에도 충분한 예악(禮樂)을 쓸 것까지야 없지 않느냐는 뜻으로 재주를 아까워하는 한편, 그를 못내 자랑스럽게 생각한 데서 나온 말이다.

자유가 공자의 이 말이 농담인 줄을 몰랐을 리는 없다. 그러나 스승의 말씀을 농담으로만 받아넘길 수도 없는 일

공 자

이다. 그래서 자유는, "선생님께서 일찍이 말씀하시기를, '군자는 도를 배우면 사람을 사랑하게 되고, 소인은 도를 배우면 부리기가 쉽다'고 하셨습니다"하고 비록 작은 고을이나마 최선을 다하는 것이 도리일 줄 안다는 뜻을 말했다.

군자나 소인에게나 다 같이 도가 필요하듯이, 큰 나라나 작은 지방이나 다 그 나름대로 예악이 필요하지 않겠습니까 하는 대답이다. 공자도 자유가 그렇게 나오자, 농담이었다는 것을 말하지 않을 수 없었다. 그래서 제자들을 다시 돌아보며,

"자유의 말이 옳다. 아까 한 말은 농담이었느니라"하고 밝혔다.

鷄犬相聞
<small>계 견 상 문</small>

鷄犭相闻

닭 鷄 개 犬 서로 相 물을 聞

닭이 울고 개가 짖는 소리가 여기저기에서 들린다는 뜻으로, 인가나 촌락이 잇대어 있음을 가리키는 말로서, 노자의 「소국과민」사상을 이르는 말이다. 《노자》에 있는 말이다.

"나라는 작고 백성은 적으며(小國寡民) 여러 가지 기구가 있어도 쓰지 않게 된다. 백성들은 생명이 중한 것을 알아 멀리 떠나가는 일도 없고, 배며 수레가 있어도 타고 갈 곳이 없으며, 무기가 있어도 쓸 곳이 없다. 백성들도 다시 옛날로 돌아가 글자 대신 노끈을 맺어 쓰게 하고, 그들의 먹는 것을 달게 여기고, 그들의 입는 것을 아름답게 여기며, 그들의 삶을 편안히 여기고, 그들의 관습을 즐기게 한다. 이웃 나라끼리 서로 바라보며 닭 울음과 개 짖는 소리가 서로 들리지만(鷄犬相聞), 백성들은 늙어 죽도록 서로 가고 오는 일이 없다"

부드럽고 약한 것을 소중히 여기고 무위(無爲)와 무욕(無慾)을 강조하고 있는 노자가, 그의 이상사회를 그려본 것이 이 「소국과민」이다.

노자기우도

중국의 무릉도원 계림

　노자의 사상을 많이 띠고 있는 도연명의 《도화원기(桃花源記)》에 나오는 「무릉도원」도 이 노자의 「소국과민」 사상에서 나온 것으로 볼 수 있다. 제1차 세계대전 후로 대두되고 있는 다원적 국가관도 이 「소국과민」의 사상이 다소 깃들어 있다고 보아야 할 것이다.

　제1차 세계대전 후로 대두되고 있는 다원적 국가관도 이 「소국과민」의 사상이 다소 깃들어 있다고 보아야 할 것이다. 또 오늘날 중립을 지키며 평화롭게 살아가는 작은 나라들을 볼 때 「소국과민」 주의가 세계평화를 가져올 수 있는 유일한 길인 것도 같다.

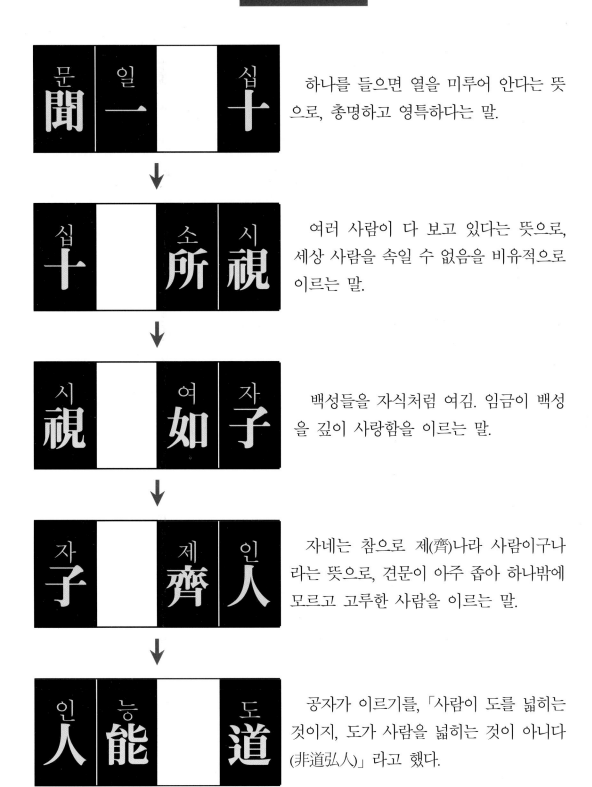

| 문 聞 | 일 一 | | 십 十 |

하나를 들으면 열을 미루어 안다는 뜻으로, 총명하고 영특하다는 말.

| 십 十 | | 소 所 | 시 視 |

여러 사람이 다 보고 있다는 뜻으로, 세상 사람을 속일 수 없음을 비유적으로 이르는 말.

| 시 視 | | 여 如 | 자 子 |

백성들을 자식처럼 여김. 임금이 백성을 깊이 사랑함을 이르는 말.

| 자 子 | | 제 齊 | 인 人 |

자네는 참으로 제(齊)나라 사람이구나 라는 뜻으로, 견문이 아주 좁아 하나밖에 모르고 고루한 사람을 이르는 말.

| 인 人 | 능 能 | | 도 道 |

공자가 이르기를, 「사람이 도를 넓히는 것이지, 도가 사람을 넓히는 것이 아니다 (非道弘人)」라고 했다.

문 일 지 십
聞一知十

闻一知十

들을 聞 한 一 알 知 열 十

하나를 듣고 열을 미루어 앎. 곧 지극히 총명함.

《논어》 공야장편(公冶長篇)에 있는 말이다.

공자가 자공(子貢)을 불러 물었다.

자 공

"너와 안회(顏回) 둘 가운데 누가 낫다고 생각하느냐?"

공자의 제자가 3천 명이나 되었고, 후세에 이름을 남긴 제자가 72명이나 되지만, 당시 재주로는 자공을 첫손에 꼽고 있었다. 실상 안회는 자공보다 월등 나은 편이었지만, 그는 공자가 말했듯이 통 아는 기색을 하지 않는 바보 같은 사람이기도 했다. 공자는 안회와 자공을 다 같이 사랑했지만, 안회를 나무란 일은 한 번도 없었다. 항상 꾸중을 듣는 자공이 실상 속으로는 안회를 시기하고 있었을 것으로 보는 사람들도 있다. 그래서 공자는 스스로 재주를 자부하고 있는 자공이 안회를 어떻게 보고 있는지가 궁금하기도 했다. 자공은 서슴지 않고 이렇게 대답했다.

"사(賜 : 자공의 이름)가 어찌 감히 회(안회)를 바랄 수 있습니까. 회는 하나를 들으면 열을 알고, 사는 하나를 들으면 둘을 알 뿐입니다(賜也何敢望回 回也聞一以知十 賜也聞一以知二)"

114

하나를 들으면 열을 안다는 것은, 한 부분만 들으면 전체를 다 안다는 뜻으로 풀이하고 있다. 하나를 들으면 둘을 안다는 것은 반쯤 들으면 결론을 얻게 되는 그런 정도라고나 할까. 공자는 자공의 대답에 만족했다. 역시 자공은 알고 있구나 하는 생각이 들었다.

그래서 "네가 안회만은 못하다. 나도 네 말을 시인한다"고 말했다.

안 회

열 사람이 지켜본다는 뜻으로, 많은 사람들이 지켜보므로 숨길 수 없다. 곧 세상 사람을 속일 수 없음을 이르는 말.

십목(十目)은 열 눈이란 말이다. 그러나 열은 많다는 것을 나타내는 말로 많은 사람의 눈이란 뜻이다. 즉 무수한 사람들이 지켜보고 있는 것이 「십목소시」고, 여러 사람이 손가락질하고 있는 것이 「십수소지(十手所指)」다.

맹 자

《대학(大學)》 성의장에 있는 말이다. 맹자는 말하기를, "그 눈동자를 보면 사람이 어떻게 속일 수 있으리오(觀其眸者 人焉廋哉 人焉廋哉)"라고 했다. 양심의 거울은 악한 사람의 가슴 속에서도 그의 눈동자를 통해 밖으로 비치기 마련이다.

성의장에는 말하기를, "악한 소인들이 남이 보지 않는 곳에서는 갖은 못된 짓을 하면서, 착한 사람 앞에서는 악한 것을 숨기고 착한 것을 내보이려 하고 있다. 그러나 사람들이 자기를 보는 것이 자기 마음속 들여다보듯 하고 있는데 무슨 소용이 있겠느냐"라고 했다.

사람이 남의 속을 들여다보기를 자기 마음속 들여다보듯 한다고 한 말에는 많은 의문점이 있다. 그러나 이것은 전체 사람을 말하는 것은 아니다. 크게는 성인이요, 적게는 군자(君子)를 두고 하는 말이다.

그런데 이 성의장에는 신독(愼獨)이란 말이 두 번이나 거듭 나오고 있다. 여러 사람이 있는 앞에서보다 혼자 있을 때를 더 조심하는 것이 「신독」이다. 그것이 군자의 마음가짐이라는 것이다. 이 신독이란 말 다음에 증자의 말을 인용하고 있다. 즉 증자는 말하기를,

증 자

"열 눈이 보는 바요, 열 손가락이 가리키는 바니, 참으로 무서운 일이구나(十目所視 十手所指 其嚴乎)"라고 했다.

이것을 보통 우리가 흔히 말하는, 남이 지켜보고 손가락질한다는 뜻으로 풀이해 온 것이 지금까지의 실정이다. 요절한 신동 강희장(江希張, 1907?~1930?)은 그가 아홉 살 때 지은 《사서백화(四書白話)》에서 증자의 이 말을 다음과 같이 풀이하고 있다.

십목은 열 눈이 아닌 십방(十方)의 모든 시선을 말한다. 사람이 무심중에 하는 동작은 주위에 영향을 미치지 않는다. 그러나 마음에서 일어나는

파동(波動)은 하느님을 비롯한 모든 천지신명과 도를 통한 사람에게 그대로 전달된다.

이것을 불교에서는 심통(心通)이라고 말한다. 그러므로 홀로 있을 때의 생각처럼 가장 널리 알려지게 되는 것은 없다. 증자가 한 말은 근거가 있어 한 말이다. 공연히 무섭게 하기 위해 한 말이 아니다.

이 진리를 깨달은 사람이라면 남이 안 본다고 같은 나쁜 짓을 하며 나쁜 생각을 할 수 있겠는가. 천지신명이 항상 지켜보고 있다. 우리가 하는 일을 하나하나 지적하고 있다.

오늘날 심령과학자들은 이렇게 말한다. 사람의 생각은 영파(靈波)로 움직인다. 그것은 전파의 속도와 같다. 그것을 통해 삽시간에 신명은 누가 무슨 생가을 하고 있는지를 알게 된다고.

視民如子

시 민 여 자

視民如子   볼 視 백성 民 같을 如 아들 子

백성을 자식같이 생각한다는 뜻으로, 임금이 백성을 지극히 사랑함을 이르는 말. 《신서(新書)》

"자녠 참으로 제나라 사람이로다. 관중과 안자만을 알 뿐이로구나(子誠齊人也 知管仲晏子而已矣)!"라고 한 데서 나온 말이다.

맹자가 자기 나라의 것만을 아는 제(齊)나라의 공손추에게 말한 고사로서, 견문이 좁아 고루(固陋)한 사람을 이르는 말.

관 중

공손추는 맹자의 제자로 제나라 사람이었다. 그가 제나라의 명재상이었던 관중(管仲)과 안자(晏子)만을 장한 줄 알고 말끝마다 그들을 들먹이자 이에 식상한 맹자가 한 말이다.

《맹자》 공손추편에 있는 말이다.

공손추가 맹자에게 물었다.

"선생님께서 제나라에서 요직을 담당하시면 관중과 안자의 공적을 다시 기약할 수 있으시겠습니까(夫子 當路於齊 管仲晏子之功 可復許乎)?"

맹자가 대답했다.

"자네는 참으로 제나라 사람이로다. 관중과 안자만을 알 뿐이로구나(子誠齊人也 知管仲晏子而已矣)!"

맹자는 증서(曾西 : 증자의 손자)가 자로(子路)와 자신을 비유하자 몸

둘 바를 몰라 했으나, 자신을 관중과 비교하자 매우 화를 냈다고 한다.

그러니 공손추가 단지 제나라 사람이라 해서 관중과 안자를 높이 평가하는 것은 천하의 진정한 성인을 보지 못하는 것을 책하였다.

안 영

人能弘道

人能弘道　　　사람 **人** 능할 **能** 넓을 **弘** 길 **道**

공 자

사람이 도를 넓힐 수 있는 것이지 도가 사람을 넓히는 것이 아니다.

《논어》에 있는 말이다.

공자가 말하기를, "사람이 도를 넓힐 수 있는 것이지, 도가 사람을 넓히는 것이 아니다(人能弘道　非道弘人)"라고 한 데서 나온 말이다.

도는 객관적인 존재로서 그냥 존재할 뿐 사람에게 작용을 하지는 않는다. 그러므로 사람이 스스로의 노력으로 부단히 도를 닦아 도의 지평을 넓혀나가야 한다는 말이다.

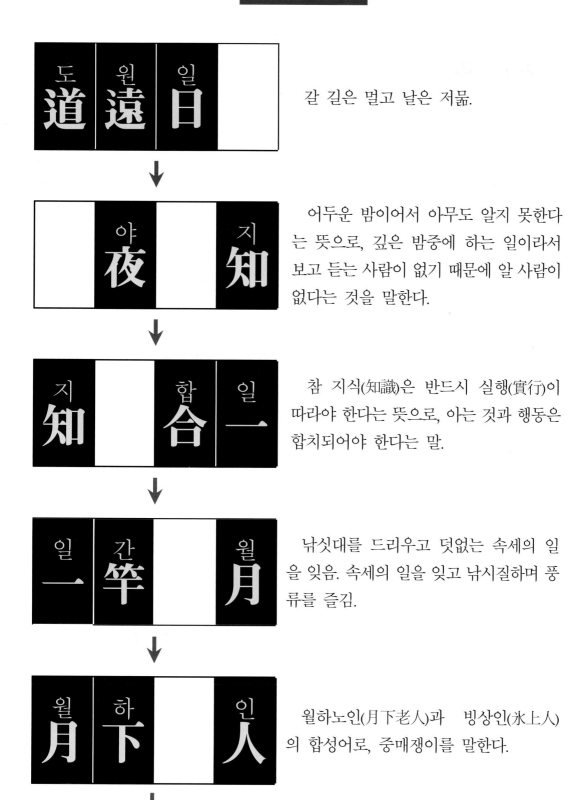

道遠日[ ] 도원일

갈 길은 멀고 날은 저묾.

[ ]夜[ ]知 야지

어두운 밤이어서 아무도 알지 못한다는 뜻으로, 깊은 밤중에 하는 일이라서 보고 듣는 사람이 없기 때문에 알 사람이 없다는 것을 말한다.

知[ ]合一 지합일

참 지식(知識)은 반드시 실행(實行)이 따라야 한다는 뜻으로, 아는 것과 행동은 합치되어야 한다는 말.

一竿[ ]月 일간월

낚싯대를 드리우고 덧없는 속세의 일을 잊음. 속세의 일을 잊고 낚시질하며 풍류를 즐김.

月下[ ]人 월하인

월하노인(月下老人)과 빙상인(氷上人)의 합성어로, 중매쟁이를 말한다.

풀이

道遠日暮 道远日暮   길 道 멀 遠 날 日 저물 暮

<small>도 원 일 모</small>

날은 저물고 갈 길은 멀다는 뜻으로, 늙고 쇠약한데 앞으로 해야 할 일은 많음. 《사기》 오자서(伍子胥)열전에 있는 이야기다.

춘추시대 말기 오(吳)나라는 초(楚)를 평정하고 급격히 그 세를 불려 한때는 중원의 패권을 넘보기까지에 이르렀다. 오나라가 이렇게 강대해진 것은 초나라에서 망명해 온 오자서 때문이었다.

오자서

오자서의 아버지 오사(伍奢)는 초 평왕(楚平王)의 태자 건(建)의 태부였다. 평왕 2년 소부(小傅)인 비무기(費無忌)의 참언으로 아버지 오사와 형 오상(伍尙)이 죽음을 당하자 오자서는 초를 도망쳐 나와 아버지의 원수를 갚기 위해 이를 갈고 있었다.

오왕 요(僚)와 공자 광을 알현한 오자서는 공자 광이 왕위를 은근히 탐내며 자객을 구하고 있는 것을 알고, 전제(專諸)라는 자객을 구해서 공자 광에게 보내고 자신은 농사일에 전념하면서 공자 광이 목적을 달성하는 날만을 기다렸다.

오왕 요의 12년(BC 512년), 초평왕이 죽고 비무기가 평왕에게 바친 진녀(秦女)의 몸에서 태어난 진(軫 : 소왕)이 위에 올랐다. 당연히 비무기의 전

횡은 극에 달했다. 그러나 1년이 못 가서 내분이 일어나 비무기는 살해되었다. 오자서는 자기가 해치워야 할 원수 둘을 계속 잃게 되었다. 하지만 초나라로 쳐들어가 아버지와 형의 원수를 갚겠다는 일념은 조금도 식지 않았다.

비무기가 살해되던 해, 오왕 요는 초의 내분을 틈타 단숨에 이를 치고자 대군을 초로 출병시켰다. 그런데 또 그 틈을 타서 공자 광은 자객 전제를 시켜 왕 요를 살해하고 스스로 왕위에 올랐다. 그가 바로 오왕 합려(闔閭)이다.

합려의 능묘 호구(虎丘)

그로부터 오자서는 손무(孫武 : 손자)와 함께 합려를 도와 여러 차례 초나라로 진격해 마침내 합려 왕 9년(BC 506) 초의 수도 영(郢)을 함락시켰다. 오자서는 아버지와 형의 원수를 갚으려고 소왕(昭王)을 찾았으나 소왕은 이미 운(鄖)으로 도망쳐 목적을 달성하지 못했다. 그래서 평왕의 무덤을 파고 그 시체에 3백 대의 매질을 하여 오랜만에 한을 달랬다.

오자서가 초에 있을 때 친교가 있던 신포서(申包胥)라는 사람은 이때 산속에 피해 있었으나, 오자서의 그런 행태를 전해 듣고 사람을 통해 오자서의 보복이 너무나도 심한 것을 책망하고 그 행위를 천리(天理)에 어긋난다고 말했다. 그에 대해서 오자서가 신포서에게 보낸 답신에 있는 말이 바로 이 성구인 것이다.

"나를 대신해서 신포서에게 고맙다는 말을 전해주게. 나는 지금 해는 지고 갈 길은 멀다. 그래서 나는 사리에 어긋나게 복수를 할 수밖에 없었네(爲我謝申包胥 我日暮途遠 我故倒行而逆施之)"

즉 자신은 나이가 들고 늙어 가는데 할 일은 많다. 그래서 이치에 따라서 행할 겨를이 없다는 말이다. 여기에서 「차례를 바꾸어서 행한다」는 뜻으로 「도행역시(倒行逆施)」라는 성구도 나왔다.

그 후 신포서는 소왕을 찾아가 나라를 부흥시킬 계획을 상의하였으나 힘이 없었다. 신포서는 소왕의 외할아버지인 애공(哀公)이 다스리는 진(秦)나라로 가서 초나라가 망하면 진나라도 결코 안전하지 못할 것이라며 도움을 청하였다. 그러나 애공은 전쟁을 벌일 마음이 없어 응하지 않았다.

신포서는 진나라 궁정의 담벼락에 기대앉아서는 7일 동안 물도 한 모금 마시지 않고 밤낮으로 쉬지 않고 곡을 하였다(立依於庭牆而哭 日夜不絶聲 勺飮不入口 七日).

애공은 결국 신포서의 충정에 감동하여 군대를 일으켜 오나라를 공격하였다.

신포서는 진
(秦)나라의 도움
을 받아 초나라를
부흥시켰고, 오자
서는 도리어 오왕
부차에게 살해되
고 말았다.

신포서가 곡을 한 유지(遺地)

暮夜無知

暮夜无知　　　　　　저녁 暮 밤 夜 없을 無 알 知

양 진

「어두운 밤이어서 아무도 알지 못한 다」라는 뜻으로, 깊은 밤중에 하는 일이라 서 보고 듣는 사람이 없기 때문에 알 사람이 없다는 것을 말한다. 뇌물이나 선물을 몰래 줌을 이르는 말.

세상 사람들은 아무도 모르는 비밀이라 고 흔히들 말한다. 그러나 당사자인 두 사람 과 천지신명은 이를 알고 있을 것이다. 낮말 은 새가 듣고 밤 말은 쥐가 듣는다는 것과 같은 의미의, 차원이 다른 생각이라 말할 수 있다.

《후한서》 양진전에 있는 이야기다.

후한 사람 양진(楊震)은 그의 해박한 지식과 청렴결백으로 관서공자(關 西公子)라는 칭호를 들었다고 한다.

그가 동래 태수로 부임할 때의 일이다. 그는 부임 도중 창읍(昌邑)이란 곳에서 묵게 되었다.

이때 창읍 현령인 왕밀(王密)이 그를 찾아왔다. 그는 양진이 형주자사 로 있을 때 무재(茂才)로 추천한 사람이었다.

밤이 되자 왕밀은 품속에 간직하고 있던 10금(金)을 양진에게 주었다. 양진이 이를 거절하면서 좋게 타일렀다.

"나는 당신을 정직한 사람으로 믿어 왔는데, 당신은 나를 이렇게 대한단 말인가"

그러자 왕밀이 말했다.

"지금은 밤중이라 아무도 아는 사람이 없습니다(暮夜無知者)"

왕밀은 양진이 소문날까 두려워하는 것으로 여겼다.

그러자 양진은 그를 나무랐다.

"아무도 모르다니, 하늘이 알고 땅이 알고 그대가 알고 내가 아는데, 어째서 아는 사람이 없다고 한단 말인가?(天知地知爾知我知怎說無知)"

이에 왕밀은 부끄러워 금을 가지고 돌아갔다.

「사지(四知)」라고도 한다.

왕밀과 양진의 사지(四知)

지식과 행동이 서로 맞음.

왕양명의 《전습록(傳習錄)》에 있는 말이다.

왕양명

중국 명대(明代) 중기의 유학자 왕양명(王陽明)이 제창한 지식과 행위에 관한 근본 명제. 주자(朱子)나 육상산(陸象山) 등이 주장한 「선지후행(先知後行)」설에 대한 반대 개념으로, 그 후 왕양명의 중심적 주장으로 간주되었다. 이 명제는 흔히 지식(知)과 행위(行)가 분열되어 있는 현실이기 때문에 알면 반드시 행하고 지행을 합일시켜야 한다는 당위(當爲)를 뜻하는 실천 강조의 명제로 해석하기 쉽다.

그러나 본래의 뜻은 그의 「심즉리(心卽理)」설의 논리를 지식과 행위라는 도덕의 영역으로 연역(演繹)한 것으로서 단순한 「실천강조론」이라기보다는 깊은 철학적 논리인 것이다.

「심즉리」설에서는 이(理) 또는 양지(良知)는 처음부터 마음속에 존재하는 것으로서 외계로부터 지식의 획득은 필요치 않고, 행위는 양지를 실현시키는 존재로만 보는 것이다. 즉 우선 규범(知)을 알지 못하는 행위의

타당성은 보증할 수 없다는 「선지후행」 설에는 반대이며, 규범은 이미 마음속에 내재하고 있으므로 행위는 그 표현에 지나지 않고 양자는 별개의 것이 아니라 처음부터 하나인 것이다.

왕양명은 이와 같은 지(知)를 또한 「진지(眞知)」 라고도 불렀으며 지(知)가 「진지」 가 되지 못하고 지행(知行)이 분열되는 것은 「사욕(私慾)」 이 작용하기 때문이라고 하여, 현실적으로 지행합일의 필요조건으로서 「사욕」 의 배제를 들었다. 이 때 지행합일의 문제는 당연히 풀리는 것이다.

육상산

131

一竿風月

一竿风月   한 一 장대 竿 바람 風 달 月

유유자적(悠悠自適)의 경지를 말한다. 한 자루의 낚싯대를 벗 삼아 속세를 떠나서 자연 속에서 느긋하게 지내는 것을 이르는 말.

육유 자서시(自書詩)

육유(陸游)의 「지난 일을 떠올리며 감회에 젖음」이라는 「감구(感舊)」라는 시에 있는 말이다.

남정(南鄭)에서 성도(成都)로 들어간 때를 생각하니
지방 풍속이 호화롭기 세상에 비길 바 없었고
고원(故苑)에서는 수레 가득 술을 실고 연회를 열었는데
명기(名妓)가 춤을 다 추면 상 주는 진주 말로 대 주었다.
완화강변 길가에는 푸른 용머리 달린 배가 보이고
사류(槎柳) 격구장에선 낮에 눈같이 흰 말을 달렸는데
돌이켜보니 장유(壯遊)는 참으로 어제의 꿈
지금은 낚싯대 하나 들고 풍월을 벗 삼아 남호에서 늙어가네.

憶從南鄭入成都　氣俗豪華海內無　억종남정입성도　기속호화해내무

故苑宴開車載酒　名姬舞罷斗量珠　고원연개거재주　명희무파두량주
浣花江路靑螭舫　槎柳毬場白雪駒　완화강로청리방　사류구장백설구
回首壯遊眞昨夢　一竿風月老南湖　회수장유진작몽　일간풍월노남호

　육유(陸游)는 벼슬에서 물러나 시골집에서 조용히 살면서 화려했던 지난날을 회상하며 이 시를 지었다. 추억은 누구에게나 아름다운 것. 그러나 지금 이 현재도 지나놓고 보면 다시 먼 미래에는 추억거리가 된다. 현실을 열심히 사는 것만이 가장 잘 사는 인생이다.

육유 조상(彫像)

월 하 빙 인
月下氷人

月下氷人

달 **月** 아래 **下** 얼음 **氷** 사람 **人**

월하노(月下老)와 빙상인(氷上人)의 고사에서 비롯되었다.

《태평광기(太平廣記)》 정혼점(定婚店)에 보면, 당(唐)나라의 위고(韋固)라는 사람이 여행 중에 달빛 아래서 독서하고 있는 노인을 만나 자루 속에 든 빨간 노끈의 내력을 묻자, 노인은 본시 천상(天上)에서 남녀의 혼사문제를 맡아보는데, 그 노끈은 남녀의 인연을 맺는 노끈이라 하였다. 그리고 위고의 혼인은 14년 후에나 이루어진다고 예언하여 사실 그대로 이루어졌다고 한다.

월하노인 조상(影像)

또, 《진서(晉書)》 예술전(藝術傳)에 보면, 진나라 때 영고책(令孤策)이라는 사람이 얼음 위에서, 얼음 밑에 있는 사람과 장시간 이야기를 주고받은 꿈을 꾸어 이상히 생각한 그는 색담(索紞)이라는 유명한 점쟁이에게 해몽을 청하자 색담은 영고책이 3, 4월 봄이 되면 남녀의 결혼중매를 하게 될 것이라 풀이하였다. 과연 고을 태수(太守)의 아들과 장씨(張氏) 딸의 중매를 섰다고 한다.

이 두 이야기의 「월하노인(月下老人)」과 「빙상인(氷上人)」을 합쳐 중매쟁이를 「월하빙인(月下氷人)」이란 성어가 생겨나게 되었다.

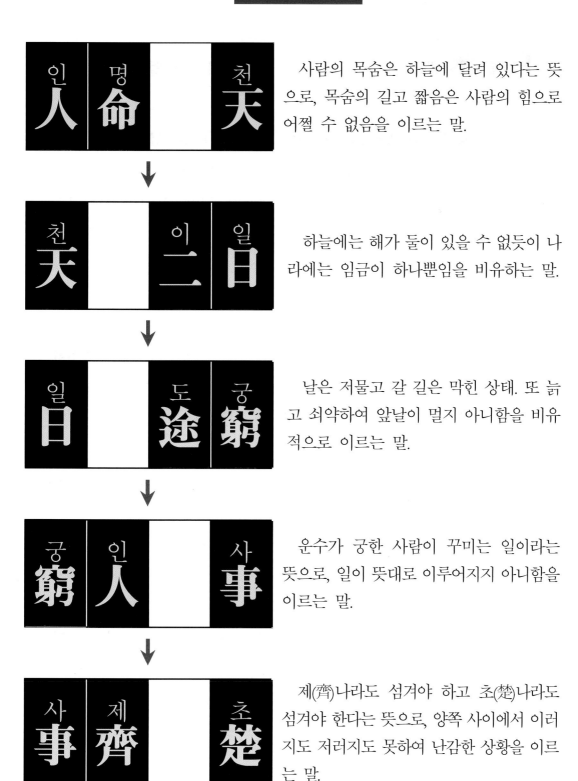

人命 명 □ 天 천

사람의 목숨은 하늘에 달려 있다는 뜻으로, 목숨의 길고 짧음은 사람의 힘으로 어쩔 수 없음을 이르는 말.

天 천 □ 二 이 日 일

하늘에는 해가 둘이 있을 수 없듯이 나라에는 임금이 하나뿐임을 비유하는 말.

日 일 □ 途 도 窮 궁

날은 저물고 갈 길은 막힌 상태. 또 늙고 쇠약하여 앞날이 멀지 아니함을 비유적으로 이르는 말.

窮 궁 人 인 □ 事 사

운수가 궁한 사람이 꾸미는 일이라는 뜻으로, 일이 뜻대로 이루어지지 아니함을 이르는 말.

事 사 齊 제 □ 楚 초

제(齊)나라도 섬겨야 하고 초(楚)나라도 섬겨야 한다는 뜻으로, 양쪽 사이에서 이러지도 저러지도 못하여 난감한 상황을 이르는 말.

인 명 재 천
人命在天
人命在天　　　　사람 人 목숨 命 있을 在 하늘 天

　　사람의 목숨은 하늘에 달려 있다는 뜻으로, 목숨의 길고 짧음은 사람의 힘으로 어쩔 수 없음을 이르는 말.

천 무 이 일
天無二日
天无二日　　　　하늘 天 없을 無 두 二 해 日

　　하늘에는 해가 둘이 있을 수 없다는 뜻으로, 한 나라에 두 임금이 있을 수 없음을 비유적으로 이르는 말. 《예기(禮記)》

日暮途窮

日暮途穷   해 **日** 저물 **暮** 길 **途** 궁할 **窮**

날은 저물고 갈 길은 막힌다는 뜻으로, 늙고 병약하여 앞날이 얼마 남지 않음을 비유해 이르는 말, 늙어서 쇠약해짐.

춘추시대의 정치가 오자서(伍子胥)의 아버지 오사(伍奢)는 초평왕의 태자 건(建)의 태부로 충신이었는데, 같은 태자 건의 소부(少傅)였던 비무기의 음모에 의해 억울한 죽음을 당하게 되었다. 오사를 죽이는 데 성공한 비무기(費無忌)는 다시 평왕을 시켜 오사의 아들 오상(伍尙)과 자서를 죽일 음모를 꾸민다. 그러나 오상만이 아버지를 따라 죽고 자서는 그 음모를 미리 알아차리고 망명길을 떠나게 된다.

왕은 오자서를 잡기 위해 전국에 영을 내려 길목을 지키게 하고, 거리마다 오자서의 화상을 그려 붙이고 많은 현상금과 무시무시한 형벌로 아무도 오자서를 숨겨주지 못하게 했다. 오자서는 키가 열 자에 허리가 두 아름이나 되었고, 쟁반만한 얼굴에 두 눈은 샛별처럼 빛났기 때문에 변장으로 사람의 눈을 피할 수는 없었다. 그는 낮에는 산 속에 숨고 밤에만 오솔길을 찾아 도망을 해야 했다.

이렇게 천신만고 끝에 오나라로 망명한 오자서는 마침내 뜻을 이루어 오나라의 강한 군사를 거느리고 초나라로 쳐들어가게 되었다. 초나라는 여지없이 패해 수도가 오나라 군사 손에 떨어지고, 평왕은 이미 죽고 그의 아들 소왕(昭王)은 태후와 왕비마저 버린 채 간신히 난을 피해 도망을 치게 된다.

소왕을 놓쳐버린 오자서는 천신만고 끝에 마침내 평왕의 무덤을 찾아

냈다. 못 바닥 몇 길 밑에 들어 있는 돌무덤을 열고 엄청나게 무거운 석곽을 들어올렸다. 그러나 그 속에서 평왕의 시체는 볼 수 없었다.

그것은 사람의 눈을 속이기 위한 가짜 널이었다. 다시 한 길을 파내려 가니 진짜 널이 나왔다. 수은으로 채워진 널 속에 들어 있는 평왕의 시체는 살아 있을 때 모습 그대로였다. 순간 오자서의 복수심은 화약처럼 폭발했다. 그는 아홉 마디 철장(鐵杖)으로 시체를 옆에 뉘어 놓고 3백 대를 쳤다. 뼈와 살이 흙과 함께 뒤범벅이 되었다.

오자서의 둘도 없는 친구 신포서(申包胥)는 이 소식을 듣자, 사람을 보내 오자서에게 이렇게 일렀다.

"그대의 그런 복수 방법은 너무 지나치지 않은가?"

그 말에 오자서도 할 말이 없었든지 이렇게 전해 보냈다.

"나는 날이 저물고 길이 멀어서, 그렇기 때문에 거꾸로 걸으며 거꾸로 일을 했다(吾日暮塗遠 吾故倒行而逆施之)"

이 복수를 일러 「굴묘편시(掘墓鞭屍)」라고 한다.

窮人謀事
궁 인 모 사

穷人谋事　　　　궁할 窮 사람 人 꾀할 謀 일 事

운수가 궁한 사람이 꾸미는 일이라는 뜻으로, 일이 뜻대로 이루어지지 아니함을 이르는 말.

138

事齊事楚
事齊事楚　섬길 **事** 나라 이름 **齊** 섬길 **事** 초나라 **楚**

제(齊)나라도 섬겨야 하고 초(楚)나라도 섬겨야 한다는 뜻으로, 양쪽 사이에서 이러지도 저러지도 못하여 난감한 상황을 이르는 말이다.

《맹자(孟子)》 양혜왕편에 있는 말이다.

등문공

춘추전국시대에 등(滕)나라는 나라가 매우 작았으나, 주위에 있는 제나라와 초나라는 큰 나라였다. 두 강대국 사이에서 등나라는 제나라를 섬길 수도 없고 초나라와 가까이하기도 어려웠다.

제나라와 초나라 가운데 한쪽과 친하게 지내면 서로 트집을 잡았기 때문에 등나라는 이럴 수도 없고 저럴 수도 없는 딱한 처지였다. 맹자(孟子)가 등(滕)나라에 갔을 때, 등나라 왕 문공(文公)이 맹자를 찾았다. 문공이 맹자에게 물었다.

"제나라와 초나라의 사이에 위치한 작은 나라인 우리 등나라는 제나라와 초나라 중 어느 나라를 섬겨야 합니까(滕小國也 間於齊楚 事齊乎 事楚乎)?"

맹자가 대답했다.

"그런 계책은 내가 어떻다고 말할 것들이 아닙니다. 굳이 말해야 한다

면 한 가지가 있으니, 이 나라의 못(池)을 파고, 이 나라의 성벽을 쌓아서 백성들과 더불어 나라를 지켜 죽는 한이 있더라도 백성들이 떠나지 않게 하기는 해봄직 합니다"

맹자는 등문공에게 두 나라의 눈치를 보며 조바심하기보다는 왕도정치를 베풀면 백성들이 죽음으로써 지켜줄 것이라고 했던 것이다.

맹 자

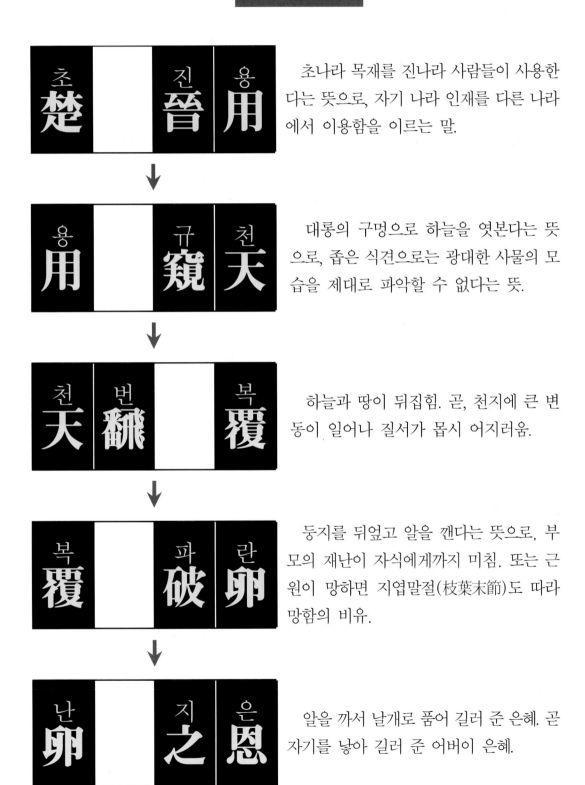

초나라 목재를 진나라 사람들이 사용한다는 뜻으로, 자기 나라 인재를 다른 나라에서 이용함을 이르는 말.

대롱의 구멍으로 하늘을 엿본다는 뜻으로, 좁은 식견으로는 광대한 사물의 모습을 제대로 파악할 수 없다는 뜻.

하늘과 땅이 뒤집힘. 곧, 천지에 큰 변동이 일어나 질서가 몹시 어지러움.

둥지를 뒤엎고 알을 깬다는 뜻으로, 부모의 재난이 자식에게까지 미침. 또는 근원이 망하면 지엽말절(枝葉末節)도 따라 망함의 비유.

알을 까서 날개로 품어 길러 준 은혜. 곧 자기를 낳아 길러 준 어버이 은혜.

楚材晉用

초 재 진 용

楚材晋用　　초나라 **楚** 재목 **材** 진나라 **晉** 쓸 **用**

초나라 목재를 진나라 사람들이 사용한다는 뜻으로, 자기 나라 인재를 다른 나라에서 이용함을 이르는 말.

《춘추좌씨전(春秋左氏傳)》 양공 26년에 있는 이야기다.

춘추시대에 초(楚)나라는 남쪽의 강대국이었고 진(晉)나라는 서쪽의 강대국이었다. BC 547년, 채(蔡)나라의 성자(聲子)라는 인물이 두 나라 사이의 분쟁을 조정하기 위해 진나라에 머물다 초나라로 왔다.

초나라의 영윤(令尹 : 재상) 자목(子木, ?~BC 545)이 성자를 맞아 진나라의 정세를 탐문하면서 초와 진 가운데 어느 나라 인재의 역량이 뛰어난지 물었다. 성자는 이렇게 답했다.

"초의 좋은 목재와 가죽을 진에서 쓰듯, 초에 인재가 있으나 실제로 그들을 쓰는 건 진입니다(雖楚有材 晉實用之)"

자목이 다시 물었다.

"그들은 혈연도 따지지 않습니까?"

그러자 성자는 이렇게 대답했다.

"물론 혈연을 따지지 않는 것은 아니지만, 초의 인재를 현실적으로 많이 씁니다. 정치를 잘하는 사람은 상벌을 남용하지 않습니다. 포상을 남발하면 나쁜 자도 상을 받고, 형벌을 남용하면 좋은 이도 벌 받을 우려가 있기 때문입니다. 차라리 포상이 지나친 게 낫습니다. 좋은 사람을 놓치지 않는 게 더 중요하기 때문입니다. 나라에 좋은 사람이 없으면 나라도 망합니다"

자목은 이어 초나라의 잘못된 상벌과 부패 때문에 초나라에서 진나라로 망명한 뒤 진나라의 참모가 되어 초나라와 싸움에서 큰 공을 세운 인재들인 석공, 옹자, 자령, 묘분황(苗賁皇) 등의 사례를 상세히 설명했다. 석공은 초나라가 야간기습에 약하다는 점을 알려주었고, 옹자는 초군의 퇴로를 열어주어 도주를 유도했으며, 자령은 오나라와 손잡고 외교술로 초를 괴롭혔고, 묘분황은 초의 왕실 군사가 정예부대임을 알려주었다.

　여기서 다른 나라의 인재를 활용한다는 뜻의 「초재진용(楚材晉用)」이라는 성어가 생겨났다.

用管窺天 용 관 규 천

用管窺天　　　쓸 **用** 대롱 **管** 엿볼 **窺** 하늘 **天**

　　대롱의 구멍으로 하늘을 엿본다는 뜻으로, 소견(所見)이 매우 좁음을 비유한 말. 좁은 식견으로는 광대한 사물의 진면목을 제대로 파악할 수 없음을 이르는 말.

　　《장자(莊子)》 추수(秋水)편에 있는 이야기이다.

공손룡

　　공손룡(公孫龍)이 위(魏)나라 공자(公子) 모(牟)에게 장자(莊子)의 도(道)에 대해서 다음과 같이 물었다.

　　"……이제 장자의 말을 듣고는 정신이 아득하여, 어찌할 바를 모르니, 이것은 내 이론이 그에게 미치지 못하는 탓입니까, 혹은 내 지혜가 그만 못한 까닭입니까? 나는 어떻게 입을 열 수가 없습니다. 황송하오나 그의 도를 듣고자 합니다"

　　공자 모는 책상에 기대어 있다가 탄식하고 하늘을 우러러 웃으며 말했다.

　　"자네는 저 우물 안의 개구리 이야기를 듣지 못했는가? 그 개구리가 동해의 자라를 보고 '나는 참으로 즐겁구나. 나는 우물 시렁 위에 뛰어오르기도 하고 우물 안에 들어가서는 부서진 벽돌 가장자리에서 쉬기도 하는 것이다. 또 물에 들면 겨드랑이와 턱으로써 물위에 떠 있기도 하고, 발로써

144

진흙을 차면 발등까지 흙에 묻히는 것이다. 저 장구벌레나 게나 올챙이 따위야 어떻게 내 팔자에 겨루기나 하겠는가? 또 나는 한 웅덩이의 물을 나 혼자 차지해서 마음대로 노니는 즐거움이 지극하거늘, 자네는 왜 가끔 와서 보지 않는가?'하였소. ……대개 시비(是非)의 경계도 모르는 지혜로써 장자의 도를 알려 하다니, 이는 마치 모기에게 산을 지우고 노래기에게 황하를 달리게 하는 것과 같아서, 도저히 그 책임을

장 자

감당할 수가 없을 것이오. 또한 그 지혜가 지극히 묘한 말을 이야기할 줄을 모르면서, 한 때의 말 재주로써 스스로 유쾌해 하는 사람은 곧 저 우물 안의 개구리가 아니겠소? ……그런데 그대는 허둥지둥하며, 꼼꼼하게 분석하여 그를 찾으려 하지 않고 공허한 변론으로만 그를 좇고 있으니, 이는 가느다란 대롱 구멍을 통하여 하늘을 쳐다보고, 송곳을 땅에 꽂아 그 깊이를 재려는 것과 같소(是直用管窺天 用錐指地也). 이 어찌 하찮은 것이 아니겠소. 어서 돌아가도록 하시오"

이 「용관규천(用管窺天)」에서 「관견(管見)」이라는 말이 나왔다. 학식이나 견문이 좁거나 또는 자신의 의견을 겸손하게 말할 때 이 말을 쓴다. 남의 편협(偏狹)한 의견을 폄하(貶下)할 때에도 관견이라는 말을 쓴다. 우리 속담으로 말하면 「소견이 바늘구멍 같다」와 같은 말이다.

또 《사기》 편작창공열전(扁鵲倉公列傳)에는 이런 이야기가 있다.

춘추시대 말기 편작(扁鵲)이라는 명의가 있었다. 그가 괵이라는 나라에 간 일이 있었는데 방금 태자가 죽었다고 했다. 편작이 궁궐의 어의를 만나 태자의 병에 대해서 물어보자 의사는 자기의 진단 결과를 소상하게 알려주었다. 묵묵히 다 듣고 난 편작이 이윽고 말했다.

"내가 태자를 소생시키겠습니다"

"무책임한 말은 하지 마시오. 갓난아기일지라도 그런 말은 곧이듣지 않을 것이오!"

이 말을 듣고 편작은 "당신의 의술은 대롱을 가지고 하늘을 엿보며(用管窺天) 좁은 틈새로 상황을 살피는 것과 같이 도저히 전체를 간파한다고 할 수 없습니다. 그런 점에서 나의 의술은 맥을 짚고 안색을 살필 것도 없이 다만 병의 상황을 듣는 것만으로도 병을 진단할 수 있습니다"

그리고 덧붙이기를 "만일 내 말이 믿기지 않는다면 다시 한 번 태자를 진단해 보십시오. 귀가 울고 코가 벌름거리는 소리가 들릴 것입니다. 그리고 양쪽 허벅다리를 쓰다듬어 가다가 음부에 닿으면 아직 그곳이 따뜻할 겁니다"

반신반의하며 다시 한 번 살펴보니 과연 편작의 말대로였다. 어의는 놀라 눈이 캄캄해지고 말도 나오지 않았다. 편작이 침을 놓자 태자가 숨을 돌이키며 살아났다. 20여 일 치료 끝에 태자가 일어나서 거동할 수 있게 되었다. 이 일로 편

편 작

작이 죽은 이도 살려낸다는 소문이 사람들 입에 오르내리자 편작은 겸손히 말했다.

"나는 죽은 이를 소생시킨 것이 아니라 아직 죽지 않은 사람을 고친 것뿐입니다"

천 번 지 복
天飜地覆　　天飜地覆　　하늘 天 뒤칠 飜 땅 地 뒤집힐 覆

➤

　하늘과 땅이 뒤집힘. 곧, 천지에 큰 변동이 일어나 질서가 몹시 어지러움. 《중용(中庸)》 혹문(或問).

복 소 파 란
覆巢破卵　　覆巢破卵　　엎지를 覆 둥지 巢 깰 破 알 卵

➤

　둥지를 뒤엎고 알을 깬다는 뜻으로, 부모의 재난이 자식에게까지 미침. 또는 근원이 망하면 지엽말절(枝葉末節)도 따라 망함의 비유.

난 익 지 은
卵翼之恩　　卵翼之恩　　알 卵 날개 翼 갈 之 은혜 恩

➤

　애지중지 양육된 은혜를 이르는 말. 난익(卵翼)은 어미 새가 날개로 알을 품고 부화시키듯이 자식을 애지중지 기르는 것. 《춘추좌전》

꼬리에 꼬리를 무는

四字成語 끝말잇기 단숨에 외우기

병 病	종 從	구 口	입 入

원래 병이란 음식을 조심하지 않는 데에서 생긴다는 뜻으로, 지나친 구복(口腹)의 욕심을 삼가야 함을 이르는 말.

입 入	목 木	삼 三	분 分

「나무에 세 푼이나 들어가다」 라는 뜻으로, 필력(筆力)이나 문장이 힘찬 것을 비유하는 말. 중국 진(晉)나라의 서예가 왕희지(王羲之)의 고사.

분 分	수 袖	상 相	별 別

소맷자락을 떼고 서로 헤어진다는 뜻으로, 작별을 이르는 말.

별 別	개 開	생 生	면 面

다른 새로운 얼굴을 나타낸다는 뜻으로, 새로운 형식을 나타내어 다른 것과 구별되는 독창적인 모습을 이르는 말.

면 面	종 從	복 腹	배 背

앞에서는 복종하지만 뱃속으로는 배신을 꿈꾸는 모습.

150

배	성	차	일
背	城	借	一

「성을 등지고 한 차례의 기회로 삼는다」는 뜻으로, 목숨을 바쳐 결사적으로 끝까지 싸우겠다는 군은 결심을 이르는 말.

일	망	타	진
一	網	打	盡

한 번의 그물질로 모두 잡는다는 뜻으로, 범인이나 어떤 무리를 한꺼번에 모조리 잡을 때 쓰는 말.

진	충	보	국
盡	忠	報	國

충성을 다해 나라의 은혜에 보답함.

국	사	무	쌍
國	士	無	雙

천하에서 가장 뛰어난 인물이나 견줄 사람이 아예 없음을 이르는 말.

쌍	관	제	하
雙	管	齊	下

「두 자루의 붓으로 가지런하게 그림을 그린다」라는 뜻으로 두 가지 일을 동시에 진행하거나, 두 가지 방법을 병행하는 것을 비유하는 말.

아주 어리석고 못난 사람은 늘 그대로 있고 발전하지 못한다는 말.

위정자가 나무 옮기기로 백성들을 믿게 한다는 뜻으로, 남을 속이지 않거나 약속을 반드시 지킨다는 말.

「입에서 나오는 대로 함부로 말하다」라는 뜻으로, 생각 없이 마음대로 지껄이는 것을 비유하는 말.

성대(聖代)에는 황하(黃河)에서 그림이 나왔으나 지금은 난세(亂世)여서 그러한 상서로움이 나타나지 않는다고 공자가 탄식한 말.

지도를 펼치자 비수가 나타난다는 뜻으로, 도모한 일이 탄로 나는 것을 이르는 말.

견 見	란 卵	구 求	계 鷄

달걀을 보고 닭이 되어 울기를 바란다는 뜻으로, 지나치게 성급함을 이르는 말.

계 鷄	견 犬	승 昇	천 天

닭과 개도 하늘로 올라가 신선이 된다는 뜻으로, 한 사람이 출세를 하면 그 집안에 딸린 사람들도 덩달아 덕을 보게 된다는 것을 비유하는 말.

천 天	도 道	시 是	비 非

「하늘의 도는 옳은가, 그른가」라는 뜻으로, 천도라는 것이 의심스럽다는 말.

비 非	전 錢	불 不	행 行

돈이 아니면 행하지 않는다는 뜻으로, 뇌물을 쓰지 않고서는 아무 일도 되지 않는다는 관기(官紀)의 문란함을 비유한 말.

행 行	로 路	지 之	인 人

길에서 오가다 만난 사람이라는 뜻으로, 아무 상관 없는 사람을 이르는 말.

人非木石
인비목석

사람은 목석이 아니라는 뜻으로, 사람은 누구나 감정과 분별력을 가지고 있음을 이르는 말.

石火光陰
석화광음

돌이 맞부딪칠 때에 불빛이 한 번 번쩍하고 곧 없어지는 것처럼 세월이 매우 빠름을 비유하여 이르는 말.

陰德陽報
음덕양보

남몰래 덕을 닦는 사람은 비록 사람들이 몰라준다 하더라도 하늘이 알아주어 겉으로 나타날 만한 복을 받는다는 것.

報怨以德
보원이덕

원한이 있는 자에게 은덕(恩德)으로써 갚는다는 뜻으로, 앙갚음하지 않는다는 말.

德輶如毛
덕유여모

도덕을 실행하는 것은 가벼운 털을 드는 것처럼 용이한 일. 깃털은 가벼워 날아가 버린다. 그래서 더욱 마음을 써서 소중히 할 필요가 있다.

모	우	미	성
毛	羽	未	成

새의 깃이 덜 자라서 아직 날지 못한다는 뜻으로, 사람이 성숙되지 못하고 아직 어림을 이르는 말.

성	공	자	퇴
成	功	者	退

성공한 사람은 물러날 때를 알아야 한다는 것을 이르는 말.

퇴	피	삼	사
退	避	三	舍

「물러나 90리를 피하다」라는 뜻으로, 다른 사람과 다투지 않거나 다른 사람에게 양보하여 물러나는 것을 비유하는 말.

사	기	종	인
舍	己	從	人

「자기를 버리고 타인을 좇는다」는 뜻으로, 자기 개인의 이익과 욕심을 버리고 다른 사람의 선량한 행실을 본떠서 따름을 이르는 말.

인	궁	반	본
人	窮	反	本

사람은 곤궁하면 근본으로 돌아간다는 뜻으로, 사람은 궁해지면 부모를 생각하게 됨을 이르는 말.

本末顚倒
본 말 전 도

일이 처음과 나중이 뒤바뀌었다는 뜻으로, 일의 근본 줄기는 잊고 사소한 부분에만 사로잡힘을 이르는 말.

倒持泰阿
도 지 태 아

칼을 거꾸로 잡고 자루를 남에게 준다는 뜻으로, 남에게 이롭게 해주고 오히려 자기가 해를 입음을 이르는 말.

阿修羅道
아 수 라 도

【불교】육도(六道)의 하나. 교만심과 시기심이 많은 사람이 죽은 뒤에 가서 싸움만 하는 세계.

道見桑婦
도 견 상 부

길에서 뽕잎 따는 여자를 보고 사통한다는 말로, 눈앞의 일시적인 이익을 좇다 기존에 가지고 있던 것까지 잃는다는 뜻.

婦人之仁
부 인 지 인

여자가 지니는 좁은 소견의 인정. 하찮은 인정을 비유적으로 이르는 말.

156

仁言利博

인덕(仁德)이 있는 사람의 말과 행동은 널리 대중(大衆)에게까지 이익이 미침.

博文約禮

지식은 넓게 가지고 행동은 예의에 맞게 하라는 공자의 말.

禮勝則離

예절이 지나치면 도리어 사이가 멀어짐.

離群索居

붕우(朋友)의 무리를 떠나 독거함을 이르는 말.

居安思危

편안하게 있을 때 위태로움을 생각하다. 근심이나 걱정거리가 없을 때 장차 있을지 모를 위험에 미리 준비하고 대비하라는 말.

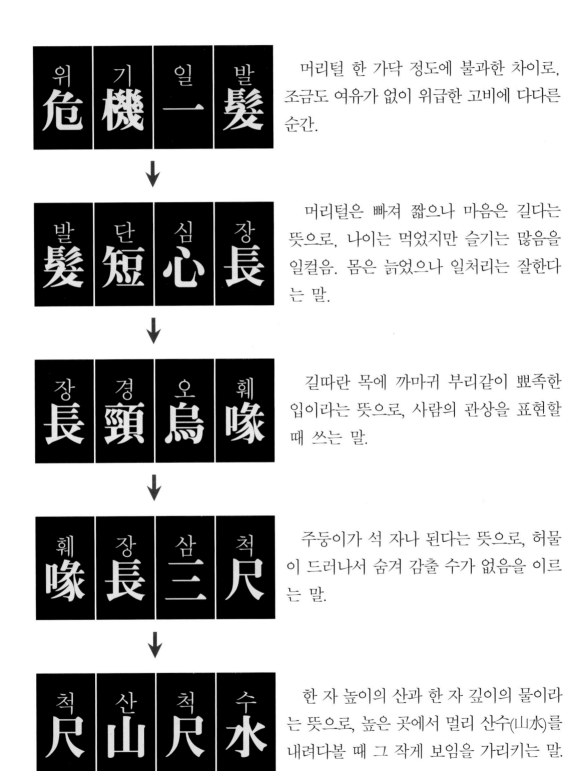

머리털 한 가닥 정도에 불과한 차이로, 조금도 여유가 없이 위급한 고비에 다다른 순간.

머리털은 빠져 짧으나 마음은 길다는 뜻으로, 나이는 먹었지만 슬기는 많음을 일컬음. 몸은 늙었으나 일처리는 잘한다는 말.

길따란 목에 까마귀 부리같이 뾰족한 입이라는 뜻으로, 사람의 관상을 표현할 때 쓰는 말.

주둥이가 석 자나 된다는 뜻으로, 허물이 드러나서 숨겨 감출 수가 없음을 이르는 말.

한 자 높이의 산과 한 자 깊이의 물이라는 뜻으로, 높은 곳에서 멀리 산수(山水)를 내려다볼 때 그 작게 보임을 가리키는 말.

158

水	鏡	之	人
수	경	지	인

늘 수평을 유지하는 맑은 물과 물체의 형상을 있는 그대로 비추는 거울처럼 사심 없이 공평하여 남의 사표(師表)가 되는 사람. 맑고 총명한 사람.

人	馬	亦	同
인	마	역	동

사람과 말이 같다는 뜻으로, 같은 경우에 닥쳤을 때 미물(微物)이라도 소홀히 대하지 말아야 함을 이르는 말.

同	工	異	曲
동	공	이	곡

같은 악공(樂工)끼리라도 곡조를 달리한다는 뜻으로, 동등한 재주의 작가라도 문체에 따라 특이한 광채를 냄을 이르는 말.

曲	突	徙	薪
곡	돌	사	신

굴뚝을 구불구불하게 만들고 굴뚝 옆의 땔나무를 옮기라는 뜻으로, 화근을 미연에 방지하라는 말.

薪	水	之	勞
신	수	지	로

땔나무를 하고 물을 긷는 수고. 곧 취사(炊事)를 이르는 말. 또는 널리 일상의 잡사(雜事)를 이름.

노	연	분	비
勞	燕	分	飛

때까치와 제비가 서로 나뉘어 날아간 다는 뜻으로, 사람들 사이의 이별을 비유 적으로 이르는 말.

비	이	장	목
飛	耳	長	目

먼 데서 일어나는 일을 능히 듣고 보는 귀와 눈. 널리 여러 가지 정보를 모아 사 물을 명확하게 판단하는 능력.

목	무	전	우
目	無	全	牛

눈앞에 온전한 소가 남아 있지 않다는 뜻으로, 일의 솜씨가 신의 경지에 이른 것 을 형용하는 말.

우	도	할	계
牛	刀	割	鷄

소를 잡는 칼로 닭을 잡는다는 뜻으로, 작은 일을 하는 데에 지나치게 큰 기구를 사용함.

계	견	상	문
鷄	犬	相	聞

닭이 울고 개가 짖는 소리가 여기저기에 서 들린다는 뜻으로, 인가니 촌락이 잇대 어 있음을 가리키는 말.

문	일	지	십
聞	一	知	十

하나를 들으면 열을 미루어 안다는 뜻으로, 총명하고 영특하다는 말.

십	목	소	시
十	目	所	視

여러 사람이 다 보고 있다는 뜻으로, 세상 사람을 속일 수 없음을 비유적으로 이르는 말.

시	민	여	자
視	民	如	子

백성들을 자식처럼 여김. 임금이 백성을 깊이 사랑함을 이르는 말.

자	성	제	인
子	誠	齊	人

자네는 진실로 제(齊)나라 사람이구나라는 뜻으로, 견문이 아주 좁아 하나밖에 모르고 고루한 사람을 이르는 말.

인	능	홍	도
人	能	弘	道

사람이 도를 넓히는 것이지 도가 사람을 넓히는 것이 아니다.

갈 길은 멀고 날은 저묾.

暮夜無知 (모야무지)

어두운 밤이어서 아무도 알지 못한다는 뜻으로, 깊은 밤중에 하는 일이라서 보고 듣는 사람이 없기 때문에 알 사람이 없다는 것을 말한다.

知行合一 (지행합일)

참 지식(知識)은 반드시 실행(實行)이 따라야 한다는 뜻으로, 아는 것과 행동은 합치되어야 한다는 말.

一竿風月 (일간풍월)

낚싯대를 드리우고 덧없는 속세의 일을 잊음. 속세의 일을 잊고 낚시질하며 풍류를 즐김.

월하노인(月下老人)과 빙상인(氷上人)의 합성어로, 중매쟁이를 말한다.

인	명	재	천
人	命	在	天

사람의 목숨은 하늘에 달려 있다는 뜻으로, 목숨의 길고 짧음은 사람의 힘으로 어쩔 수 없음을 이르는 말.

천	무	이	일
天	無	二	日

하늘에는 해가 둘이 있을 수 없듯이 나라에는 임금이 하나뿐임을 비유하는 말.

일	모	도	궁
日	暮	途	窮

날은 저물고 갈 길은 막힌 상태. 또 늙고 쇠약하여 앞날이 멀지 아니함을 비유적으로 이르는 말.

궁	인	모	사
窮	人	謀	事

운수가 궁한 사람이 꾸미는 일이라는 뜻으로, 일이 뜻대로 이루어지지 아니함을 이르는 말.

사	제	사	초
事	齊	事	楚

제(齊)나라도 섬겨야 하고 초(楚)나라도 섬겨야 한다는 뜻으로, 양쪽 사이에서 이러지도 저러지도 못하여 난감한 상황을 이르는 말.

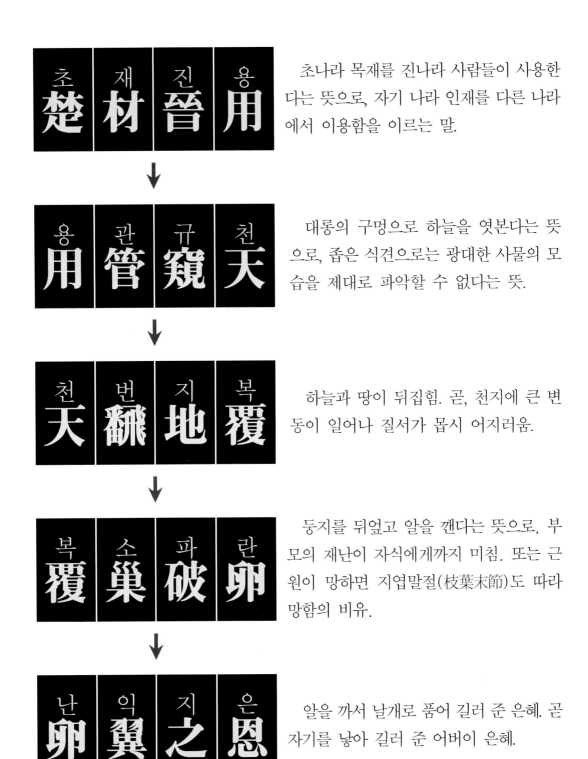

楚材晉用

초나라 목재를 진나라 사람들이 사용한다는 뜻으로, 자기 나라 인재를 다른 나라에서 이용함을 이르는 말.

用管窺天

대롱의 구멍으로 하늘을 엿본다는 뜻으로, 좁은 식견으로는 광대한 사물의 모습을 제대로 파악할 수 없다는 뜻.

天飜地覆

하늘과 땅이 뒤집힘. 곧, 천지에 큰 변동이 일어나 질서가 몹시 어지러움.

覆巢破卵

둥지를 뒤엎고 알을 깬다는 뜻으로, 부모의 재난이 자식에게까지 미침. 또는 근원이 망하면 지엽말절(枝葉末節)도 따라 망함의 비유.

卵翼之恩

알을 까서 날개로 품어 길러 준 은혜. 곧 자기를 낳아 길러 준 어버이 은혜.

❷ 권 끝

꼬리에 꼬리를 무는 **끝말잇기**는 계속된다.

❸ 권에서는 **恩**^은으로 시작되는 사자성어가

꼬리를 물고 이어진다.

四字
成語 끝말잇기

꼬리에 꼬리를 무는

四字成語 끝말잇기 퍼즐 ❷

★

초판 인쇄일 / 2016년 1월 25일

초판 발행일 / 2016년 1월 30일

★

엮은이 / 팬더 컬렉션

펴낸이 / 김동구

펴낸데 / 明文堂

창립 1923. 10. 1

서울특별시 종로구 안국동 17-8

우체국 010579-01-000682

☎ (영업) 733-3039, 734-4798

(편집) 733-4748 FAX. 734-9209

H.P. : www.myungmundang.net

e-mail : mmdbook1@hanmail.net

등록 1977. 11. 19. 제 1-148호

★

ISBN 979-11-85704-54-8 04910

ISBN 979-11-85704-49-4 04910 set

★

낙장이나 파본은 구입하신 서점에서 교환해 드립니다.

★

값 12,000원